SUJEITOS DE DIREITO INVISÍVEIS

Lumen Juris Editora
www.lumenjuris.com.br

Filiais

Sede: Rio de Janeiro
Rua Octávio de Faria, nº 81 – Sala 301
CEP: 22795-415 – Recreio dos Bandeirantes
Rio de Janeiro – RJ
Tel. (21) 3933-4004 / (21) 3249-2898

Minas Gerais (Divulgação)
Sergio Ricardo de Souza
sergio@lumenjuris.com.br
Belo Horizonte – MG
Tel. (31) 9-9296-1764

São Paulo (Distribuidor)
Rua Sousa Lima, 75
CEP: 01153-020
Barra Funda – São Paulo – SP
Telefax (11) 5908-0240

Santa Catarina (Divulgação)
Cristiano Alfama Mabilia
cristiano@lumenjuris.com.br
Florianópolis – SC
Tel. (48) 9-9981-9353

GABRIELA MARIA
FERNANDES MENDONÇA

SUJEITOS DE DIREITO INVISÍVEIS

O CLAMOR SILENCIADO DE CRIANÇAS E ADOLESCENTES EM SITUAÇÃO DE RUA

Editora Lumen Juris
Rio de Janeiro
2020

PRODUÇÃO EDITORIAL
Livraria e Editora Lumen Juris Ltda.

Categoria: Direitos Humanos

Diagramação: Rômulo Lentini
Revisão: Gabriela de Almeida Furtado

Impresso no Brasil
Printed in Brazil

CIP-BRASIL. CATALOGAÇÃO-NA-FONTE

M539s

Mendonça, Gabriela Maria Fernandes
Sujeitos de direito invisíveis : o clamor silenciado de crianças e adolescentes em situação de rua / Gabriela Maria Fernandes Mendonça. – Rio de Janeiro : Lumen Juris, 2020.
148 p. ; 21 cm.

Bibliografia : p. 119-127.

ISBN 978-85-519-1672-8

1. Direito da criança e do adolescente. 2. Direitos humanos. 3. Menores de rua - Direitos fundamentais - Brasil. 4. Movimento Nacional de Meninos e Meninas de Rua (Brasil). 5. Subjetividade. I. Título.

CDD 342

Ficha catalográfica elaborada por Ellen Tuzi CRB-7: 6927

Às crianças e aos adolescentes em situação de rua, pequenos grandes guerreiros que sonham com um futuro melhor. Em especial ao Renatinho, que seu clamor seja ouvido e que nem os muros da internação nem as calçadas das ruas te impeçam de sonhar.

Agradecimentos

Agradeço primeiramente a Deus e a Nossa Senhora. Agradeço ao amor da minha vida, Leonardo, pela paciência, pelo apoio e pelo companheirismo. Agradeço aos meus pais e aos meus avós, sem os quais jamais teria chegado até aqui. Agradeço às minhas irmãs, Suzana e Clara, e ao meu irmão, Marco Antônio, pela presença e pelo apoio sempre constantes. Agradeço a todos os professores que, desde a minha alfabetização, fizeram e fazem parte da minha formação. Agradeço, especialmente, ao professor José Geraldo de Sousa Junior, meu orientador de Mestrado, e aos professores do Programa de Pós-Graduação em Direitos Humanos e Cidadania da Universidade de Brasília. Agradeço ainda, de forma singular, a todos que dedicam seu tempo e trabalho em prol de crianças e adolescentes que vivem em situação de rua.

"A sociedade não entende nosso lado. Eu sei que a gente faz errado em tá na rua, mas às vezes, a própria sociedade faz a gente entrar na droga mais rápido, entendeu? Tem muitas pessoas que nunca passou pela nossa posição na rua. Acha que falar alguma coisa ruim pr'um menor não magoa, mas nós sente, entendeu tio? Nós é gente. Eu acho que todo mundo merece uma chance na vida. Uma não, várias! Só tem que aproveitar". Sabrina, 15 anos

"A gente queria pedir pra eles olhar mais pra gente, que a gente tá que nem uma comida quando bota fogo, esquece e queima. A gente estamos esquecidos. A gente sofre muito nesse mundo por acordar de manhã e não ter café pra tomar". Fátima, 15 anos

(Trechos retirados de entrevistas realizadas pelo Centro Internacional de Estudo e Pesquisas sobre Infância – CIESPI, em RIZZINI, Irene. A rua no ar: histórias de adolescentes. Rio de Janeiro: CIESPI, 2006, pp. 38-40)

Prefácio

"Todos são iguais perante a lei, sem distinção de qualquer natureza, garantindo-se aos brasileiros e estrangeiros residentes no País a inviolabilidade do direito à vida, à liberdade, à igualdade, à segurança e à propriedade" (art. 5º., *caput* da Constituição da República de 1988). Eis a positivação e a expressão do alicerce sobre o qual devem estar assentados os direitos fundamentais no Estado democrático de direito brasileiro.

A igualdade perante a lei - tão impregnada na concepção transformadora da Constituição republicana de 1988 -, é solenemente proclamada e posicionada quase como um abre alas para que os demais direitos inerentes à pessoa humana possam ser descortinados.

De fato, o direito à igualdade de tratamento perpassa a essência de múltiplos dispositivos constitucionais, desde os objetivos da República Federativa do Brasil - encartados no artigo 3º -, aos pilares que compõem a ordem social. Assim, não se constrói uma sociedade livre, justa e solidária sem prestar reverência à igualdade; não se alcança o desenvolvimento nacional sem garantir a igualdade de oportunidades; não se erradica a pobreza e a marginalização sem assegurar igualdade de acesso a bens elementares; não se reduz desigualdade regional e social sem ações reparadoras efetivas; não se promove o bem de todos - elidindo-se preconceitos de origem, etnia, cor, sexo, idade ou quaisquer outras formas de discriminação -, sem a implementação de políticas públicas de nivelamento. Não são concretizados os direitos à educação, à saúde, à assistência social, à cultura, dentre outros, sem que a igualdade figure como pilar de referência.

Mas, sob o ponto de vista da *efetivação* de direitos, experimentamos no cotidiano democrático nacional a igualdade? Todos são verdadeiramente iguais perante a lei? Quando o sujeito de direitos é a criança e o adolescente, a igualdade tem sido uma realidade entre nós? A família, a sociedade e o Estado têm assegurado, conforme determina o artigo 227 da Constituição da República, "à criança, ao adolescente e ao jovem, com absoluta prioridade, o direito à vida, à saúde, à alimentação, à educação, ao lazer, à profissionalização, à cultura, à dignidade, ao respeito, à liberdade e à convivência familiar e comunitária, além de colocá-los a salvo de toda forma de negligência, discriminação, exploração, violência, crueldade e opressão"?

A presente obra contempla reflexões importantes acerca da aclamada igualdade e da realidade experimentada por crianças e adolescentes que padecem o dia a dia nas ruas. Algumas ali nasceram e não tiveram a oportunidade de conhecer outra forma de convívio. Outras foram abandonadas pela família e permanecem abandonadas pela sociedade e pelo Estado, sujeitas a todo tipo de violência, crueldade, exploração e discriminação, em total descompasso com o espectro protetivo inserto no dispositivo constitucional supramencionado.

O percurso normativo e o histórico de exclusão social de crianças e adolescentes em situação de rua no Brasil são abordados na presente obra de modo a proporcionar ao leitor uma visão crítica acerca do tema e de impulsioná-lo a somar-se àqueles que trabalham pela igualação de direitos.

Muito embora o legislador constituinte originário tenha explicitamente reconhecido a criança e o adolescente como sujeitos de direito, a realidade imposta pelas ruas à criança e ao adolescente nela inseridos retrata quadro de completa violação a seus direitos fundamentais.

No mesmo sentido, embora o Estatuto da Criança e do Adolescente tenha se revelado importante diploma de proclamação de direitos desse vulnerável grupo social, fato certo é que tais direitos ainda não alcançaram crianças e adolescentes em situação de rua no Brasil.

A visibilidade normativa obtida por crianças e adolescentes pela Constituição da República e por diplomas infraconstitucionais, fruto do Movimento Nacional de Meninos e Meninas de Rua desencadeado na década de 80, não é espelhada na realidade brasileira, porquanto crianças e adolescentes em situação de rua permanecem na invisibilidade, ocupando espaço de quase desconsideração - tão grave quanto inaceitável do ponto de vista de proteção a direitos fundamentais.

A presente obra qualifica como avanço o reconhecimento normativo da criança e do adolescente como sujeitos de direitos não somente em âmbito interno como também no plano internacional, destacando, inclusive, a ampliação da noção de subjetividade jurídica internacional para abarcar crianças e adolescentes em seu conceito. Porém, é assertiva ao afirmar que tais avanços não guardam relação de correspondência com a realidade, que ainda se mostra cruel para milhares de crianças e adolescentes em situação de rua, as quais permanecem estigmatizadas e vistas pela lente do desprezo e, até mesmo, da comiseração.

As reflexões constantes da presente obra, produto de pesquisa e de experiências vivenciadas pela autora quando de seu trabalho junto à população de crianças em situação de rua, atestam que mesmo após mais de trinta anos da instauração da doutrina da proteção integral no Brasil, há milhares de crianças e adolescentes vivendo em situação de rua no país, em um estado de contínua violação a seus direitos fundamentais. Constata, em decorrência, a dificuldade de afirmação da subjetividade de crianças e adolescentes.

Sob outro ângulo, a autora apresenta premissas e elenca desdobramentos suficientemente sólidos para comprovar a premente necessidade de ruptura de antigos paradigmas do Direito do Menor que associavam a pobreza à delinquência, e acabavam por criminalizar a infância pobre, de modo a rotular negativamente crianças e adolescentes em situação de rua sob uma perspectiva negatória de sua identidade.

Aliás, a invisibilidade fática de crianças e adolescentes que fazem da rua sua moradia é tamanha no Brasil que não há sequer dados oficiais que possam nortear um planejamento mínimo de reversão desse quadro violador de direitos fundamentais. A última e única pesquisa nacional sobre crianças e adolescentes em situação de rua foi realizada em 2010 pelo Instituto Meta em parceria com a Secretaria de Direitos Humanos da Presidência da República e o Instituto de Desenvolvimento Sustentável, a qual revelou a presença de aproximadamente 24 mil crianças e adolescentes vivendo nas ruas em 75 cidades brasileiras. De lá para cá, o clamor das ruas tem sido continuamente desconsiderado e a invisibilidade de tais crianças dia a dia renovada, numa contínua e persistente violação a direitos de "pequenos" seres humanos.

A abordagem apresentada pela obra nos coloca em estado de alerta e até mesmo de desalento. Como admitir, em um Estado que afirma ser democrático de direito que uma criança ou um adolescente permaneça invisível nas ruas brasileiras, a ponto de sequer ser considerado em levantamentos oficiais realizados pelo Estado?

É preciso reavivar a chama do inconformismo e da desnaturalização da exclusão, trazendo para a agenda pública esse relevante tema, na certeza de que quanto mais elevada for a efetivação de direitos da criança e do adolescente, mais verdadeira e amadurecida será a democracia brasileira. Enquanto convivermos com crianças e adolescentes vivendo pelas ruas do nosso País, não teremos uma sociedade livre, justa e solidária.

Que essa obra sirva de inspiração a você leitor e de estímulo a se posicionar como um agente de transformação para que juntos possamos construir uma nação igualitária para todos, de modo a termos ruas como espaços de passagem e não de moradia para crianças e adolescentes.

A autora desta obra dedicou-se, desde a sua tenra idade, a essa justa e relevante causa. Saindo de casa para ir ao encontro da população de rua do Distrito Federal para ali servir como agente de transformação. Levava durante a noite o alívio do alimento e o alento do cobertor para aqueles que padeciam de fome e frio, sem se descurar de também abastecê-las com palavras de ânimo e de conscientização de direitos. O trabalho inicialmente impulsionado pelo seu espírito genuinamente caridoso transformou-se em estudo, agora consolidado nesse livro.

Tenho a alegria de prefaciar esta obra, produto de um trabalho devotado e persistente da minha filha GABRIELA MARIA FERNANDES MENDONÇA! Escrevo embalada pela emoção de mãe, é verdade! Mas também pela certeza de que o substancioso estudo aqui reproduzido pode servir de força motivadora a você leitor, em compasso de adesão ao processo de reparação e inclusão de crianças e adolescentes em situação de rua – causa também alinhada à vontade do legislador constituinte originário.

Que o clamor silenciado de crianças e adolescentes em situação de rua possa ressoar obstinadamente na consciência de todo homem e mulher de bem, e que juntos possamos dar voz e vez a esses invisíveis sujeitos de direito constitucional.

Grace Mendonça

Sumário

Introdução

"Sujeitos de direito invisíveis: o clamor silenciado de crianças e adolescentes em situação de rua", faz-se referência à invisibilidade de determinados sujeitos coletivos de direito e ao clamor silenciado dos oprimidos, de que trata o autor José Geraldo de Sousa Junior[1], aludindo às reivindicações (clamor) pelo reconhecimento de direitos dos oprimidos da sociedade (invisíveis). Analogicamente ao uso destas expressões, avoca-se estes conceitos ao contexto de crianças e adolescentes em situação de rua.

Após a Segunda Guerra, a pauta dos direitos da criança passou a ocupar os grandes debates em torno da promoção de direitos humanos, em contraposição às atrocidades sofridas com o nazismo. Diversos documentos internacionais passaram a prever o direito da criança e do adolescente entre suas disposições.

Acompanhando o movimento da comunidade internacional no sentido de reconhecer os direitos de crianças e adolescentes, surgem no Brasil iniciativas isoladas de promoção a estes direitos. Como resultado desse movimento em prol do reconhecimento dos direitos humanos de crianças e adolescentes e do rompimento com antigas doutrinas discriminatórias, crianças e adolescentes tiveram sua subjetividade jurídica reconhecida com a aprovação do texto do art. 227 da Constituição Federal de 1988 e com a promulgação da Lei nº 8.069/90, o Estatuto da Criança e do Adolescente, os quais previram direitos fundamentais próprios de crianças e adolescentes, instaurando, com isso, a doutrina da proteção integral no Brasil.

---

1 SOUSA JUNIOR, José Geraldo. O Direito Achado na Rua: Concepção e Prática. Rio de Janeiro: Editora Lumen Juris, 2015.

Isso representou uma grande conquista da luta do Movimento Nacional de Meninos e Meninas de Rua - criado em 1985 - em defesa dos direitos de crianças e adolescentes, fruto da união de ativistas, educadores sociais, crianças e adolescentes, desejosos de dar voz ao clamor deste grupo social excluído. Crianças e adolescentes em situação de rua foram os maiores protagonistas desta conquista normativa, sendo ouvidos em 1986, pela primeira vez na história do Brasil, pelas autoridades e pela imprensa, expondo seus sofrimentos e reivindicações no I Encontro Nacional de Meninos e Meninas de Rua (MNMMR).

Contudo, mesmo depois de mais de trinta anos da instauração da doutrina da proteção integral no Brasil, a qual prevê uma série de direitos fundamentais de crianças e adolescentes de forma universal, constata-se, ainda, que milhares de crianças e adolescentes vivem em situação de rua no Brasil, tendo seus direitos violados cotidianamente. Esta realidade revela uma dificuldade de afirmação da subjetividade de crianças e adolescentes.

Passando da condição de subjetividade jurídica negada à subjetividade jurídica politicamente constituída, crianças e adolescentes em situação de rua, que tiveram seu clamor ouvido à época da constituinte, passou a tê-lo silenciado. É em torno desta problemática da subjetividade e do clamor de crianças e adolescentes em situação de rua que se desenvolve a pesquisa.

A pergunta que se busca responder, ou a partir da qual se levanta algumas reflexões nesta obra, é: qual é a condição jurídica de crianças e adolescentes em situação de rua no Brasil após terem protagonizado o Movimento Nacional de Meninos e Meninas de Rua na década de 80? Para tanto, esta obra divide-se em quatro capítulos.

O Capítulo 1 busca contextualizar a pesquisa, trazendo um breve arcabouço conceitual e teórico acerca de elementos fundamentais para a compreensão do trabalho. Nesse sentido, traz as definições ou indefinições de população em situação de rua e de crianças e adolescentes em situação de rua; traz ainda breve explanação acerca do Direito da Criança e do Adolescentes no Brasil, sua história e desenvolvimento, bem como da concepção de O Direito Achado na Rua, cujos princípios basilares são premissas e fundamentos das reflexões deste trabalho.

O Capítulo 2 trata dos Direitos Humanos e da personalidade jurídica de crianças e adolescentes. Neste capítulo é trabalhada a questão da universalidade dos direitos humanos – e suas críticas – e o reconhecimento da subjetividade jurídica internacional e nacional de crianças e adolescentes.

O Capítulo 3 trata do clamor de crianças e adolescentes em situação de rua, ou seja, de suas reinvindicações. Neste capítulo é trabalhada a questão da subjetividade de crianças e adolescentes em situação de rua e do Movimento Nacional de Meninos e Meninas de Rua.

O Capítulo 4, por sua vez, trata do silêncio de crianças e adolescentes em situação de rua, fazendo referência ao clamor silenciado. Este capítulo trata do paradoxo entre a norma e a realidade de crianças e adolescentes em situação de rua, do clamor ouvido e silenciado e do direito de ser criança e adolescente.

Longe de almejar o esgotamento do tema, reconhecendo que tal intento seria demasiadamente pretensioso, a proposta da obra é mais provocativa que conclusiva, buscando levantar reflexões acerca da questão dos direitos e da subjetividade de crianças e adolescentes em situação de rua no Brasil.

Capítulo 1. Contextualização: (In) Definições e Fundamentos Teóricos

Em atenção ao rigor teórico e metodológico da pesquisa, optou-se por trazer neste primeiro capítulo a contextualização de conceitos e (in)definições que são pilares para a compreensão do desenrolar das reflexões, bem como teorias que fundamentam esta pesquisa.

1.1 População em situação de rua

Moradores de rua, mendigos, vagabundos, indolentes, pedintes, sobrantes, miseráveis, população de rua, população em situação de rua, são algumas das expressões – carregadas ou não de rotulações – utilizadas para tratar da mesma parcela populacional. Pessoas vivendo nas ruas é uma realidade antiga, que talvez exista desde o surgimento da vida urbana.

O desenvolver do capitalismo, a globalização, a lógica de mercado, as mudanças econômicas, sociais e políticas do último século deram causa a várias consequências negativas na sociedade. O século XX foi marcado pelo aumento do desemprego, das desigualdades sociais e da pobreza extrema. Assim, a habitação foi se tornando algo distante e inacessível para diversas pessoas, levando-as à acomodação em espaços públicos das áreas urbanas.

A ideia de ordem, de se ter as coisas em seus devidos lugares e descartar aquilo que foge ao padrão, é a mentalidade da busca pela pureza. Segundo Bauman[2], a modernidade e a pós modernidade são marcadas por esta concepção de pureza, de limpar o que está no lugar errado de acordo com o modelo social, político e econômico vigente em determinada sociedade. A questão dos moradores de rua, o descaso, o desprezo e as estigmatizações que sofrem constantemente, revelam justamente esta mentalidade pós-moderna de pureza. Ou seja, as pessoas que vivem fora do padrão, reféns de uma lógica de mercado cruel, acabam sendo, muitas vezes, descartadas da sociedade. Por esta razão, se vê com tanta frequência em noticiários das mais diversas regiões do mundo casos de maus tratos, e até de homicídios, contra moradores de rua.

No Brasil não é diferente. O modelo econômico – o padrão a ser seguido – e as políticas focadas em problemas sociais como fatos isolados acabam gerando aumento de pessoas vivendo nas ruas. Trata-se de um grupo populacional extremamente heterogêneo, formado por pessoas com as mais diversas trajetórias de vida e com perfis diferentes, que acabaram sendo inseridas no processo de exclusão social não apenas por razões econômicas, mas também pela ausência do sentimento de pertencimento social. São pessoas que vivem fora do padrão, que são considerados, na mentalidade pós-moderna, como a sujeira que deve ser limpada em nome da pureza.

Por esta razão, as pessoas que vivem em situação de rua são denominadas frequentemente com expressões pesadas, carregadas de desprezo, reforçando o processo de exclusão no qual estão inseridos e seu sentimento de não pertença social. Muitas vezes, sequer são considerados gente, são os que sobram, os que estão à margem, os coitadinhos, a sujeira, o perigo, o descartável. Contudo, não se pode perder de mente que se trata de seres humanos,

2 BAUMAN, Zigmunt. O mal-estar da pós-modernidade. Rio de Janeiro: Jorge Zahar, 1998.

pessoas que vivem em um Estado democrático, que são titulares de direitos fundamentais, como destaca Müller[3]:

> Na prática se retira aos excluídos a dignidade humana, retira-se-lhes mesmo a qualidade de seres humanos, conforme se evidencia na atuação do aparelho de repressão: não-aplicação sistemática dos direitos fundamentais e de outras garantias jurídicas, perseguição física, "execução" sem acusação nem processo, impunidade dos agentes estatais da violação, da opressão ou do assassínio. (...) O objetivo da luta é impor igualdade de todos no tocante à sua qualidade de seres humanos, à dignidade humana, aos direitos fundamentais e às restantes garantias legalmente vigentes de proteção – sem que se permitisse aqui as mais ligeiras diferenças, tampouco aquelas vistas à nacionalidade, aos direitos eleitorais passivos e ativos ou à faixa etária (meninos de rua).

Para que se compreenda quem são as pessoas que vivem em situação de rua, é preciso uma análise holística e desprendida de estereótipos e preconceitos. Variadas são as razões pelas quais uma pessoa acaba fazendo da rua sua acomodação, como o rompimento de laços afetivos familiares, a falta de emprego, problemas psicológicos, problemas de saúde física ou mental, entre outros diversos fatores. Além disso, o perfil desta população é fortemente heterogêneo em todos os aspectos: faixa etária, gênero, naturalidade, nacionalidade, cor, raça, cultura, entre outros.

Alguns autores buscam definir quem são as pessoas que vivem em situação de rua. Assim, destas pesquisas, surgiram algumas classificações. Entre elas, identifica-se uma que é comumente utilizada,

---

3 MÜLLER, Friedrich. Quem é o povo? A questão fundamental da democracia. Tradução de Peter Naumann. São Paulo: Max Limonad, 2003, p. 94.

dividindo esta população em três grandes grupos: pessoas que ficam na rua, pessoas que estão na rua e pessoas que são da rua.[4]

As pessoas que ficam na rua são aquelas que estão nas ruas por alguma circunstância pontual – desemprego, chegada em nova cidade em busca de emprego, de tratamento de saúde ou de parentes. Estas pessoas costumam passar as noites em lugares movimentados, como albergues e rodoviárias. Já as pessoas que estão nas ruas são aquelas que não se sentem tão inseguras com a rua, acabam formando vínculos com outras pessoas que vivem nessa condição, realizam tarefas pequenas que geram algum rendimento, por exemplo, catadores de latinhas e guardadores de carros. As pessoas que são de rua, por sua vez, são aquelas que estão a longos períodos nas ruas, apresentando condições debilitadas de saúde física e mental em decorrência da violência à qual estão expostas e do uso de drogas e álcool.

Esta é apenas uma definição e uma classificação que é utilizada por alguns pesquisadores. Contudo, existem outras concepções com enfoques diferentes, como a questão de gênero, da idade, da cor, entre outros. A verdade é que nenhuma definição pode ser tão precisa quanto a realidade, uma vez que a população em situação de rua é extremamente heterogênea, apresentando uma vasta diversidade, não sendo possível uma única definição e/ou classificação abarcar todas as realidades possíveis.

Independentemente de qual deva ser a melhor definição de população em situação de rua, fato é que são pessoas que sofrem com a estigmatização, com a criminalização e até mesmo com a ideia de piedade. São os mendigos, os marginais ou os coitados da sociedade. Não são vistos sob uma perspectiva emancipadora, tendo sua subjetividade e sua identidade levadas em considera-

4 VIEIRA, M. da C.; BEZERRA, E. M. R.; ROSA, C. M. M. (Orgs.). População de rua: quem é? Como vive? Como é vista? São Paulo: Hucitec, 1994.

ção, antes, são encarados como problemas e perigos à sociedade. Trata-se de uma realidade exposta à vista dos cidadãos brasileiros, fazendo parte do cotidiano dos grandes centros urbanos, um estado de miséria visto todos os dias e ao mesmo tempo invisível. Há, de maneira geral, um descaso e um desinteresse tanto pelo Estado quanto pela própria sociedade civil em relação aos julgados sobrantes – a população em situação de rua.

Esta realidade de completo desprezo passa a ser amenizada a partir da década de 80, com a promulgação da Constituição Federal de 1988 e a consolidação dos direitos sociais enquanto direitos fundamentais de todo cidadão, além da Lei Orgânica de Assistência Social - Lei nº 8.742, de 7 de dezembro de 1993. O Estado passou a ter a obrigação de ofertar serviços e programas de atendimento à população em situação de rua, a fim de buscar garantir o mínimo existencial e a consolidação de direitos.

Apesar de ainda haver uma larga distância entre as normas e a realidade, fato é que existem políticas de atendimento voltadas a esta população, além de iniciativas da sociedade civil. O surgimento de leis e políticas públicas, entretanto, não põe fim ao quadro de exclusão da população em situação de rua, que ainda é alvo de violência, descaso e discriminação.

Em 2009 foi criada a Política Nacional para a População em Situação de Rua[5] que define no art. 1º, parágrafo único:

> Para fins deste Decreto, considera-se população em situação de rua o grupo populacional heterogêneo que possui em comum a pobreza extrema, os vínculos familiares interrompidos ou fragilizados e a inexistência de moradia convencional regular, e que utiliza os logradouros públicos e as áreas degradadas como espaço de moradia e de sustento, de forma temporária ou permanente, bem

5 Decreto nº. 7.053 de 23 de dezembro de 2009

como as unidades de acolhimento para pernoite temporário ou como moradia provisória.

A Política buscou conferir uma definição abrangente do conceito de população em situação de rua. Destaca-se a utilização da expressão "situação de rua", que revela uma circunstância de vida e não uma característica de determinado povo. Contudo, conforme já mencionado, o grau de heterogeneidade e de diversidade desta população acaba não permitindo que um único conceito alcance de maneira integral quem são as pessoas que compõem esta parcela populacional.

Apesar da população em situação de rua ter ganhado espaço nas discussões do governo e na instituição de políticas públicas, ainda vivem à sombra da invisibilidade. Exemplo disso é a exclusão da população em situação de rua do censo demográfico do Instituto Brasileiro de Geografia e Estatística (IBGE). Não existem dados oficiais de contagem da população em situação de rua para fins de censo.

Destaca-se, ainda, que não há qualquer menção a crianças e adolescentes na Política Nacional para a População em Situação de Rua. Aliás, pesquisa realizada em 2008 – Pesquisa Nacional Sobre a População de Rua -, fruto do trabalho entre a Organização das Nações Unidas para a Educação, a Ciência e a Cultura (UNESCO) e o então Ministério do Desenvolvimento Social e Combate à Fome (MDS), com finalidade de levantar dados sobre a população em situação de rua, contemplou apenas pessoas adultas, acima de 18 (dezoito) anos de idade. Ou seja, crianças e adolescentes sequer foram contabilizados para fins de pesquisa acerca da população em situação de rua.[6]

---

6 INSTITUTO META DE PESQUISA/MDS. Pesquisa Nacional Sobre a População em Situação de Rua, 2008. Disponível em: <http://www.mds.gov.br/gestaodainformacao/disseminacao/sumariosexecutivos-de-pesquisas/2008/

Se for considerada a literalidade da norma, no caso do decreto que instituiu a Política Nacional para a População em Situação de Rua, as crianças e os adolescentes também comporiam esta população, o que não acontece, como demonstra a pesquisa supramencionada. Além de não participarem do censo do IBGE, também não são contabilizadas em pesquisas sobre a população em situação de rua, revelando assim um quadro problemático de invisibilidade.

1.2 Crianças e adolescentes em situação de rua

Inicialmente, é fundamental que se esclareça o conceito de criança e adolescente utilizado para fins desta pesquisa, bem como o de crianças e adolescentes em situação de rua.

Crianças e adolescentes em situação de rua, crianças de rua, meninos e meninas de rua, pivetes, menores, jovens itinerantes, crianças sem-abrigo, crianças em situação de risco, são algumas das expressões comumente utilizadas para definir o mesmo grupo social, caracterizado pela heterogeneidade e diversidade de perfis. Não há consenso em nível internacional ou nacional acerca desta definição. Há, na verdade, uma grande indefinição. Contudo, pode-se constatar pontos comuns. Trata-se de crianças e adolescentes que têm direitos violados e que vivem em situação de extrema pobreza e exclusão social.

Este trabalho, como já apontado, não busca selecionar o melhor ou mais completo conceito de crianças e adolescentes em situação de rua, mas sim levantar reflexões a partir da realidade por eles vivenciada. Embora não haja uma mensuração do conceito mais adequado ou completo, os estudos realizados

pesquisa-nacional-sobre-a-populacao-em-situacao-derua/arquivos/sumario%20 executivo_pop%20rua.pdf/download>. Acesso em: 14 set. 2015.

por cientistas, ONGs e organismos internacionais no sentido de buscar uma definição destas crianças e destes adolescentes são importantes para a compreensão do fenômeno e para a identificação dos mais diversos elementos problemáticos que envolvem a situação na qual se encontram.

1.2.1 Crianças e adolescentes

Para fins desta pesquisa, utiliza-se o conceito de criança e adolescente conferido em âmbito internacional pela Convenção de Direitos da Criança e, em âmbito nacional, aquele contido no Estatuto da Criança e do Adolescente de 1990.

A Convenção sobre os Direitos da Criança de 1990, em seu Artigo 1, conceitua: "Para efeitos da presente Convenção considera-se como criança todo ser humano com menos de dezoito anos de idade, a não ser que, em conformidade com a lei aplicável à criança, a maioridade seja alcançada antes".

No Brasil, o Estatuto da Criança e do Adolescente de 1990, por sua vez, define criança como pessoa de até 12 (doze) anos de idade incompletos e adolescente, entre 12 (doze) e 18 (dezoito) anos de idade.[7]

Assim, crianças e adolescentes são pessoas em desenvolvimento, ou seja, que ainda não atingiram a idade adulta. As definições das normas supramencionadas se relacionam à idade, sendo este o conceito utilizado nesta dissertação ao tratar de crianças e adolescentes.

---

7 BRASIL. *Lei nº. 8069 de julho de 1990.* Estatuto da Criança e do Adolescente. Brasília, 1990.

1.2.2 Conceito de "crianças e adolescentes em situação de rua" em âmbito internacional

O fenômeno de crianças e adolescentes vivendo em situação de rua é global, ou seja, esta é uma realidade vivenciada por diversos países, inclusive desenvolvidos, não podendo ser associado apenas a fatores econômicos. Trata-se de crianças e adolescentes que vivem perambulando sozinhas ou acompanhadas, trabalhando, dormindo e até mesmo morando nas ruas. Esta situação, que explicita um grave quadro de violações a direitos humanos, ganhou certa visibilidade nas últimas décadas.

Crianças e adolescentes em situação de rua tornaram-se foco de discussões de organismos de proteção e promoção de direitos humanos desde o fim do período pós Segunda Guerra Mundial. Em 1951, foi utilizada de forma pioneira pela Organização das Nações Unidas para Ciência, Educação e Cultura (UNESCO) a expressão "criança de rua", fazendo referência às crianças abandonadas nas ruas da Europa após a Segunda Guerra Mundial.

Em 1979, o ano internacional de criança[8],a situação de crianças vivendo nas ruas ganhou visibilidade e foi pauta de diversas discussões no âmbito internacional, culminando no surgimento, em 1982, do programa de interação entre ONGs (*Inter NGO Program*) com o objetivo de dar apoio às crianças em situação de rua. Assim, em 1983, a *Inter NGO* elaborou a primeira definição oficial deste público:

> Uma Criança de Rua é qualquer menino ou menina que não alcançou a idade adulta e para quem a rua (no senso mais amplo da palavra, incluindo casas abandonadas, terrenos baldios, etc.) tornou-se sua habitual fonte de

8 Ano escolhido pela Organização das Nações Unidas a fim de chamar a atenção para a situação de diversas crianças e adolescentes vivendo nas ruas.

> vida e que é inadequadamente protegida, supervisionada ou orientada por adultos responsáveis.

As dificuldades de conceituação destas crianças persistiram. Em 1989, o UNICEF, buscando definir este fenômeno, produziu um documento no Encontro Mundial realizado em Bogotá, que conceituou[9]:

> (...) meninos de rua são crianças e adolescentes até 18 anos que habitam zonas urbanas; têm vínculos familiares débeis, quando os têm; desenvolvem habilidades e destrezas de sobrevivência; têm na rua seu habitat principal, substituindo a família como fator essencial de crescimento e socialização; e estão expostos a riscos consideráveis e específicos.

O UNICEF, nos anos 90, utilizou a seguinte classificação: crianças e adolescentes na rua e crianças e adolescentes de rua. As crianças e os adolescentes na rua seriam aqueles que trabalham nas ruas, mas mantêm um vínculo mais próximo com suas famílias; já as crianças e os adolescentes de rua seriam aqueles que passam a maior parte do seu tempo nas ruas e possuem pouco ou nenhum contato com suas famílias.[10]

Há, ainda, autores que classificam as crianças e os adolescentes em situação de rua em diversos grupos, de acordo com características comuns identificadas. Entre os primeiros teóricos que trabalharam na tentativa de definição deste público está Markw Lusk[11], pesquisador norte americano.

---

9 ABREU, Domingos (orientador). Censo da exclusão ou falta de inclusão nos censos? A (in)visibilidade de meninos e meninas em situação de moradia nas ruas nas capitais brasileiras. Fortaleza: Criança não é de rua, 2009.

10 MELO, Eduardo Rezende. *Crianças e Adolescentes em situação de rua: Direito Humanos e Justiça*. São Paulo: Malheiros Editores, 2011.

11 LUSK, Markw. *Street Children Programs in Latin America. The jornal of Sociology &Social*: vol. 16, ISS.1, *Article* 6, 2015.

Lusk realizou uma pesquisa com 113 (cento e treze) crianças e adolescentes em situação de rua no Rio de Janeiro, concluindo que havia quatro grandes grupos entre elas: trabalhadores de rua com bases familiares, trabalhadores de rua independentes, crianças de rua e crianças de famílias de rua. Os trabalhadores de rua com bases familiares seriam aqueles que possuem convívio com seus familiares, porém, a necessidade os leva a trabalhar nas ruas; os trabalhadores de rua independentes seriam aqueles que apresentam vínculos familiares fragilizados, convivendo mais com a "cultura da rua", passando algumas noites nas ruas e sendo mais suscetíveis à criminalidade; as crianças de rua seriam aquelas que já não possuem vínculos familiares, cometendo atos ilegais com maior frequência; e por fim, as crianças de famílias de ruas seriam aquelas que passam o dia todo nas ruas em companhia de suas famílias, também envolvendo-se, muitas vezes, com o crime e com o uso de substâncias entorpecentes.

Todas estas (in)definições teóricas e suas diferenças mostram-se insuficientes para revelar a complexa realidade da situação destas crianças e destes adolescentes, já que se trata de um grupo social extremamente heterogêneo, fazendo-se necessária a compreensão das histórias e trajetórias dos indivíduos, os motivos e as razões para estarem nas ruas.

Definições à parte – a pretensão deste trabalho não é, como já mencionado, selecionar a melhor conceituação, mas levantar reflexões a partir da realidade –, sabe-se que se trata de um grupo social extremamente diverso, vulnerável, que vive uma situação de graves violações a direitos humanos e que necessita da atenção e da atuação dos órgãos de defesa de direitos.

1.2.3 Conceito de "crianças e adolescentes em situação de rua" em âmbito nacional

Desde o final do século XIX, a imprensa e os relatórios oficiais apresentam queixas em relação à presença de crianças vivendo nas ruas no Brasil. É apenas na década de 80 que se constatam estudos sobre esta parcela excluída da sociedade.[12]

De maneira geral, crianças e adolescentes que vivem em situação de rua provêm de famílias de baixa renda e vivem em situação de extrema vulnerabilidade. Além disso, característica marcante dessa parcela de crianças e adolescentes é a fragilização dos vínculos afetivos familiares e comunitários. Diversas são as razões que levam crianças e adolescentes a viverem jogadas à própria sorte nas ruas, entre elas, a necessidade de subsistir, a violência doméstica e, até mesmo, a expulsão pela própria comunidade local em razão de comportamento reprovável, como o tráfico de drogas.

Não é tarefa simples qualificar crianças e adolescentes em situação de rua a partir de um fator comum. Existe uma série de fatores que podem culminar no afastamento de infantes do seu seio familiar, fragilizando seus vínculos e levando-os a viver nas ruas. Para compreender o fenômeno de crianças e adolescentes em situação de rua, não basta que se tenha um conceito normativo bem definido, mas antes é preciso compreender a realidade, os motivos e as circunstâncias que os levaram a viver nestas condições. Assim, passa-se a uma breve explanação da história das crianças no Brasil, revelando as diferentes concepções de "abandonados", "menores", "marginalizados", "meninos de rua",

---

12 RIZZINI, Irene; CALDEIRA, Paula; RIBEIRO, Rosa; CARVANO, Luiz Marcelo. Os processos de construção e implementação de políticas públicas para crianças e adolescentes em situação de rua. Rio de Janeiro: PUC-Rio: CIESPI, 2010.

"crianças em situação de rua", entre outros, de acordo com o período e contexto histórico.

No Brasil Colônia, era predominante a ideia do pai de família como sendo autoridade familiar, tendo poderes para castigar seus filhos e não havendo qualquer tipo de sanção caso os ferisse ou, inclusive, os matasse sob o pretexto de educá-los. Entretanto, em relação aos índios que viviam no Brasil, o quadro era inverso. Os jesuítas, devido à dificuldade em catequisar os índios adultos, adotaram a didática de catequisar as crianças, que, por sua vez, passariam a educar seus pais, adequando-os à nova organização social.

Nesse contexto, cresce a preocupação com as crianças, principalmente as negras e as índias, uma vez que os jesuítas acreditavam que deveriam isolá-las de seus pais para que não fossem educadas com "costumes bárbaros". Para tanto, em 1551, foi inaugurada a primeira casa de recolhimento de crianças no Brasil, dirigida por jesuítas, dando início à política de recolhimento.

Ainda com forte atuação da Igreja, no século XVIII, emerge uma grande preocupação em relação às crianças órfãs e às abandonadas, que eram deixadas geralmente nas portas de igrejas, conventos e residências, os chamados "expostos". Inspirado no modelo europeu, surgem então, no Brasil, as primeiras "Rodas dos Expostos", que eram mantidas pelas Santas Casas de Misericórdia. Com isso, as pessoas que pretendiam abandonar seus filhos, deixavam as crianças nessas rodas e, a partir de então, passavam a ser cuidadas por religiosos e religiosas. O Sistema de Rodas foi adotado no Brasil durante cerca de três séculos, com o intuito de amparar crianças abandonadas, jovens que tinham filhos fora do casamento e até de acolher filhos de escravos para lhes garantir melhores condições de vida.

A fase imperial caracteriza-se pela mantença do Sistema de Rodas e, ainda, pela criação e implantação de outras instituições, também dirigidas por religiosos, com o fim de receber e educar crianças e adolescentes. Além disso, houve a criação pelo poder público das chamadas

"Casas de correção", para onde eram levados crianças e adolescentes que praticaram algum ato ilícito. Cumpre destacar que, em 1875, foi criado o Asilo dos Meninos Desvalidos com o escopo de internar crianças e adolescentes que viviam nas ruas, em situação de extrema miséria.

Assim, aos poucos, as questões relativas ao atendimento de crianças e adolescentes, em especial as abandonadas e as que viviam nas ruas, foi deixando de ser atribuída exclusivamente às entidades religiosas e à filantropia, passando a ser responsabilidade do poder público. No entanto, apenas no final da fase imperial é que se pode perceber uma maior intervenção do Estado nessas questões.

A partir da segunda metade do século de XIX, o Brasil viveu transformações significativas, como a proclamação da República, a abolição da escravatura, a migração dos campos para a cidade, entre outros, culminando em um aumento de situações de delinquência e miséria no país, uma vez que houve uma grande concentração da população nas cidades, em descompasso com a atuação estatal. Em consequência disso, pôde-se perceber um aumento também de crianças vivendo em situação de miséria nas ruas das cidades.

No período republicano, devido à concentração populacional nas cidades, surgiram os males sociais, ou seja, a proliferação de epidemias e o aumento da criminalidade. Com isso, surgiu o movimento higienista, que refletia a preocupação em aplicar conhecimentos médicos para se prevenir de novas doenças. A forma mais eficiente encontrada pelos higienistas seria destinar cuidados às crianças, uma vez que estavam inseridas no seio familiar, sendo este um bom início para se sanear toda uma sociedade. Além disso, o foco dado às crianças pelos higienistas reflete ainda a preocupação dos médicos com os autos índices de mortalidade infantil na época.[13]

Nesse contexto, antes mesmo do século XX, a população infanto-juvenil passou a ganhar maior atenção da sociedade e do Estado em relação à educação, com a criação de leis regulamentando o ensino; à busca pelo fim da delinquência, com a criação da lei penal; à orfandade, com a criação de casas de acolhimento; à saúde, com o movimento higienista, entre outros. Todavia, ainda eram precários e por vezes contraditórios os instrumentos de proteção a essas crianças, que, inseridas em uma sociedade enraizada na tradição do *pater familiae,* ainda sofriam agressões por parte de familiares e educadores. Neste período, ainda foi mantida a imagem de crianças carentes, em especial as que viviam nas ruas, como marginais, perigosas à sociedade, doentes, irregulares, incorrigíveis, entre outros.

Por fim, pode-se resumir a história da infância e da juventude no Brasil antes do século XX como um gradual progresso no que tange à preocupação com crianças e adolescentes, principalmente em relação àqueles em situação de abandono e indigência, que eram vistos como objetos de caridade. Ao final do século XIX, com a extinção da Roda de Expostos, o investimento médico higienista e a criação de uma legislação específica para crianças e adolescentes, começa a haver uma mudança de paradigma em relação a essa parcela da população, deixando de ser referida apenas como objeto de caridade e passando a ser objeto de políticas públicas, a partir da ideia de que, na verdade, trata-se do futuro da nação.

---

13 RIZZINI, Irene. A arte de governar crianças: a história das políticas sociais, da legislação e da assistência à infância no Brasil. São Paulo: Cortez, 2011.

No século XX, a sociedade dividia-se entre assegurar os direitos das crianças e proteger-se delas. Ou seja, ainda eram vistas como um perigo para a sociedade. Os intelectuais da época, principalmente médicos e juristas, consolidaram diversos estudos voltados à necessidade de criação de ações sociais com objetivo de preparar o público infanto-juvenil para a convivência em sociedade. Com isso, sucederam as primeiras políticas públicas no Brasil voltadas unicamente às crianças e aos adolescentes. Em 1906, foram inauguradas as primeiras casas de recolhimento, reflexo da preocupação com menores em abandono e menores em conflito com a lei.

Nesse período, a sociedade começa a perceber que é urgente a necessidade de intervenção do Estado para educar e corrigir os menores, tornando-os cidadãos úteis, em nome da ordem moral. Em 1912, o deputado João Chaves, com forte influência da comunidade internacional, apresentou projeto de lei propondo a criação de uma Justiça Especializada para os menores, afastando-os da esfera penal comum. Menores em conflito com a lei ou em estado de abandono foram o foco da política assistencial no início do século XX, resultando na promulgação do Código Mello Mattos em 1927, a primeira legislação especial voltada exclusivamente aos menores, que adotou o modelo de especialização de tribunais e juízes.

No Código Mello Mattos, o conceito de "menores" foi concebido em duas categorias, os "abandonados" e os "delinquentes". Com isso, fica perceptível o quanto o termo "menor" carregava um sentido pejorativo, ora considerados vítimas e ora considerados perigos à sociedade. Nascia, então, a Doutrina da Situação Irregular, que será aprofundada posteriormente.

A Constituição de 1937, por sua vez, criada em meio à luta pelos direitos humanos, ampliou os horizontes sociais, culminando no Decreto 3.799/41, que criou o Serviço de Assistência do Menor (SAM), no sentido de buscar soluções aos problemas advindos da nova rede de atendimento à criança e ao adolescente que começava a crescer no Brasil.

Traço marcante desse período foi o regime de internações que rompia os vínculos dos menores com seus familiares, estabelecendo vínculos institucionais, com o propósito de recuperação e correção do menor. Ou seja, a questão afetiva sequer era tomada em conta, mas somente o aspecto correcional.[14]

O período do Estado Novo (1937-1945) foi marcado pela criação de instituições federais específicas voltadas à infância e à juventude. Além do SAM, foram criados o Departamento Nacional da Criança e a Legião Brasileira de Assistência, que se submetiam à fiscalização pelo Juízo de Menores.

Durante os anos de atuação do SAM, várias denúncias revelaram a corrupção deste órgão, além dos maus tratos aos quais os menores abandonados e delinquentes eram submetidos nas unidades de internação. Assim, sua forma de atuação e funcionamento passou a ser alvo de muitas críticas. Na década de 60, esta insatisfação foi intensificada, culminando na extinção do referido órgão em 1964 pela Lei nº. 4.513. Em substituição ao SAM, foi criada a Fundação Nacional do Bem-Estar do Menor (FUNABEM), cuja função primordial era a de elaborar e implantar a Política Nacional do Bem-Estar do Menor (PNBEM), além de orientar, fiscalizar, planejar e coordenar as entidades que executavam esta política. Destaca-se que esta nova política tinha como público alvo não

14 MACIEL, Kátia Regina Ferreira Lobo Andrade. Curso de Direito da Criança e do Adolescente. São Paulo: Saraiva, 2015

apenas menores delinquentes e em situação de abandono, como no sistema anterior, mas também suas famílias.[15]

Toda essa mudança de políticas voltadas aos menores se deu em meio a um aumento da situação de carência de crianças e adolescentes, em razão do acelerado crescimento demográfico. Consequentemente, cresceram também as situações de maus tratos, abandono, mendicância e marginalização dos menores.

Para combater essa situação dos menores no Brasil, o SAM adotou o sistema de internações. A estratégia da FUNABEM, por outro lado, era romper com a política de internação, repressão e controle social exercida pelo SAM, buscando estabelecer o fortalecimento da família como fundamento da política de bem-estar do menor. Entretanto, em meio ao regime ditatorial, o caráter repressivo e de segregação das políticas sociais voltadas aos menores ainda perdurou durante o período de atuação da FUNABEM e de suas unidades estaduais, as FEBEMs.

Em que pese os esforços da FUNABEM para executar a Política do Bem-Estar do Menor, a Comissão Parlamentar de Inquérito (CPI) dos menores, instaurada em abril de 1975, constatou sua insuficiência diante da magnitude do problema de menores abandonados e delinquentes no Brasil. A situação de carência dos menores crescia cada vez mais em escala assombrosa, revelando, assim, a necessidade de implementação de novas políticas. O relatório da CPI dos menores focaliza nas causas e nas consequências da marginalização dos menores, que foram descritos como vítimas de uma disfunção social. [16]

---

15 RIZZINI, Irene. A arte de governar crianças: a história das políticas sociais, da legislação e da assistência à infância no Brasil. São Paulo: Cortez, 2011.

16 BOEIRA, Daniel Alves. Visões sobre os "menores" considerados infratores na Comissão Parlamentar de Inquérito do Menor (Brasil, 1974-1976). *4tas Jornadas de Estudios sobre la Infancia, Buenos Aires*, 2015.

De fato, devido ao aumento demográfico, à urbanização e ao crescimento das cidades, o Estado perdeu o controle sobre a população e várias crianças acabaram vivendo nas ruas, local propício ao exercício de atividades ilícitas, à marginalização, à prostituição, ao trabalho irregular, entre outros. Com isso, esses menores, vítimas da referida disfunção social acabaram sendo vistos como perigos à sociedade, gerando uma série de políticas sociais voltadas, na verdade, à proteção da sociedade contra eles, mediante aplicação da medida de internação. Em torno destas questões é que foi discutido e elaborado o relatório da CPI de 1976, que, ao fim, resultou em uma pressão da sociedade para que fosse elaborada uma legislação "menorista", culminando na elaboração de um novo Código de menores em 1979.

O Código de Menores adotou a doutrina da situação irregular – que será analisada em momento posterior. Nesse Código, o modelo centralizador e correcional, aspecto típico do regime ditatorial, ganhou ainda mais força. A Doutrina da Situação Irregular caracterizou-se, sobretudo, pela política de segregação, ou seja, os menores considerados em situação irregular, arrolados no próprio Código, eram, em regra, segregados da sociedade. Nesse momento, crianças e adolescentes ainda eram vistos apenas como objetos de prestações estatais e não como sujeitos de direito.[17]

Com o passar dos anos, a discussão acerca dos direitos da população infanto-juvenil ganhou grande espaço na comunidade internacional. Assim, a mudança de paradigma sobre esta população no Brasil teve forte influência de documentos internacionais, como a Declaração Universal dos Direitos dos Homens das Nações Unidas em 1948, a Declaração dos Direitos da Crian-

17 Juizado da Infância e da Juventude / (publicado por) Tribunal de Justiça do Rio Grande do Sul, Corregedoria Geral da Justiça – n.1 (nov. 2003).- Porto Alegre: Departamento de Artes Gráficas do TJRS, 2003.

ça em 1959, a Convenção Americana sobre os Direitos Humanos (Pacto São José da Costa Rica, em 1969) e as Regras Mínimas das Nações Unidas para a Administração da Justiça da Infância e da Juventude em 1985.

Além da influência dos organismos internacionais de proteção aos direitos da criança, no Brasil surge, em 1985, o Movimento Nacional de Meninos e Meninas de Rua (MNMMR) - que será aprofundado em momento posterior. Este movimento tinha por objetivo a promoção dos direitos da criança e do adolescente, através do seu reconhecimento formal como sujeitos de direito autônomos e dotados de capacidade de reflexão acerca da própria condição.

Com a força da articulação e da mobilização do movimento e com os documentos internacionais dos quais o Brasil é signatário, foi promulgada a Constituição Federal de 1988, que inovou ao prever direitos fundamentais próprios de crianças e adolescentes nos artigos 227 e 228[18]. Além disso, em 1990 foi promulgado o Estatuto da Criança e do Adolescente (Lei nº 8.069/90), consagrando então a nova doutrina, a Proteção Integral, adotada atualmente no Brasil. Crianças e adolescentes, não mais pejorativamente chamados de "menores", passam a ser considerados sujeitos de direitos pelo ordenamento jurídico brasileiro, devendo ter seus direitos fundamentais assegurados de maneira prioritária pela família, pela sociedade e pelo Estado.

Nesse contexto, surgem as primeiras pesquisas no Brasil envolvendo crianças e adolescentes em situação de rua - não mais denominados "menores". Com a doutrina da proteção integral,

---

18 "Art. 227. É dever da família, da sociedade e do Estado assegurar à criança, ao adolescente e ao jovem, com absoluta prioridade, o direito à vida, à saúde, à alimentação, à educação, ao lazer, à profissionalização, à cultura, à dignidade, ao respeito, à liberdade e à convivência familiar e comunitária, além de colocá-los a salvo de toda forma de negligência, discriminação, exploração, violência, crueldade e opressão". (BRASIL. Constituição Federal de 1988)

passa-se a pensar a situação dos "menores abandonados" sob um novo olhar, na tentativa de superação de estigmatizações, preconceitos e cultura de segregação, tão difundidos pela doutrina da situação irregular.

As dificuldades de se alcançar um consenso quanto às definições de nomenclatura e ao conceito deste público também são vislumbradas em âmbito nacional, perdurando mesmo após o advento da doutrina da proteção integral. Algumas localidades denominam "crianças e adolescentes em moradia de rua", outras "meninos e meninas de rua", outras "crianças e adolescentes de rua", entre outros. Quanto à conceituação, também há uma grande variedade de interpretações referindo-se ao mesmo grupo populacional, o de crianças e adolescentes que vivem uma grave condição de violação a direitos fundamentais.

Considerando não apenas as dificuldades de definição teórica, mas também as dificuldades de contagem[19] e, consequentemente, de elaboração de políticas públicas em nível nacional, em

19 A população e as crianças e adolescentes em situação de rua são excluídos do censo realizado pelo IBGE, ou seja, não são contabilizadas oficialmente enquanto cidadãos brasileiros. O caso de crianças e adolescentes é ainda mais grave, já que sequer são mencionados em pesquisas e políticas voltadas à população em situação de rua. Algumas pesquisas quantitativas e qualitativas esparsas são realizadas por universidades ou governos estaduais para levantamento de dados destas crianças. Em 2010, pela primeira e única vez, foi firmado um Convênio entre a Secretaria de Direitos Humanos da Presidência da República (SDH) e o Instituto de Desenvolvimento Sustentável (IDEST) com o fim de realizar um levantamento em nível nacional de crianças e adolescentes vivendo em situação de rua no Brasil. A pesquisa realizada pelo Instituto Meta abrangeu 75 cidades brasileiras e constatou-se a presença de 23.973 crianças e adolescentes vivendo em situação de rua no país. Nessa pesquisa foram levados em consideração diversos aspectos, como: convívio familiar, alimentação, saúde, educação, motivos para estar na rua, entre outros. Apesar de ter sido alvo de diversas críticas, por não ter consultado órgãos e serviços que atuam com esse grupo populacional e, ainda, pelo curto espaço de tempo em que foram realizados os levantamentos, a pesquisa é de grande relevância por ter sido a primeira – e única – realizada no Brasil sobre as crianças e adolescentes em situação de rua. (Fonte: 1º Censo nacional de crianças/adolescentes em situação de rua – 2010/Meta Instituto de Pesquisa)

2015, o Conselho Nacional dos Direitos da Criança e do Adolescente (CONANDA) criou um grupo de trabalho destinado a fortalecer políticas públicas de promoção dos direitos de crianças e adolescentes em situação de rua.

Este grupo de trabalho era composto por organizações da sociedade civil, técnicos do governo federal de políticas setoriais de promoção de direitos da criança e conselheiros nacionais do CONANDA, articulados pela Secretaria Nacional dos Direitos da Criança e do Adolescentes do então Ministério dos Direitos Humanos, com o apoio do Fundo Nacional da Criança e do Adolescente. Deste grupo de trabalho resultou a publicação, em 2017, das "Diretrizes Nacionais para o atendimento a crianças e adolescentes em situação de rua", tratando de importantes questões teóricas e práticas envolvendo este público.

Na tentativa de unificar o conceito, o referido documento define crianças e adolescentes em situação de rua como:

> Sujeitos em desenvolvimento com direitos violados, que utilizam logradouros públicos, áreas degradadas como espaço de moradia ou sobrevivência, de forma permanente e/ou intermitente, em situação de vulnerabilidade e/ou risco pessoal e social pelo rompimento ou fragilidade do cuidado e dos vínculos familiares e comunitários, prioritariamente situação de pobreza e/ou pobreza extrema, dificuldade de acesso e/ou permanência nas políticas públicas, sendo caracterizados por sua heterogeneidade, como gênero, orientação sexual, identidade de gênero, diversidade étnico-racial, religiosa, geracional, territorial, de nacionalidade, de posição política, deficiência, entre outros[20]

Esta conceituação buscou definir de maneira ampliada quem são as crianças e os adolescentes em situação de rua, evidencian-

20 BRASIL. Diretrizes Nacionais para o atendimento a crianças e adolescentes em situação de rua, 2017.

do a questão da diversidade e da heterogeneidade e deixando o conceito aberto com o uso da expressão "entre outros", alargando, com isso, o alcance das múltiplas realidades e trajetórias de vida.

Outro aspecto que merece destaque é a utilização da expressão "situação de rua" – abandonando-se a ideia de pertença à rua, carregada em diversas outras expressões comumente utilizadas pela sociedade e pelo Estado:

> §1º Utiliza-se o termo 'situação' para enfatizar a possível transitoriedade e efemeridade dos perfis desta população, podendo mudar por completo o perfil, repentinamente ou gradativamente, em razão de um fato novo. §2º A situação de rua de crianças e adolescentes pode estar associada a:
>
> I – trabalho infantil;
>
> II – mendicância;
>
> III – violência sexual;
>
> IV – consumo de álcool e outras drogas;
>
> V – violência intrafamiliar, institucional ou urbana;
>
> VI – ameaça de morte, sofrimento ou transtorno mental;
>
> VII – LGBTfobia, racismo, sexismo ou misoginia;
>
> VIII – cumprimento de medidas socioeducativas ou medidas de proteção de acolhimento;
>
> IX – encarceramento dos pais.
>
> §3º Pode ainda ocorrer a incidência de outras circunstâncias que levem crianças e adolescentes à situação de rua, acompanhadas ou não de suas famílias, existentes em contextos regionais diversos, como as de populações itinerantes, trecheiros, migrantes, desabrigados em razão de desastres, alojados em ocupações por realização de grandes obras e/ou eventos.

Por fim, ainda que este novo documento seja muito relevante para a caracterização das crianças e adolescentes em situação de rua, bem como para conferir-lhes maior visibilidade, este não esgota todas as dificuldades conceituais e práticas deste cenário de graves violações a direitos humanos. Os direitos humanos de crianças e adolescentes, mesmo com o advento da doutrina da proteção integral – que tem por objetivo a garantia de direitos a todas as crianças e a todos os adolescentes de maneira universal –, continuam sendo veementemente violados com o perdurar da situação de rua vivenciada por milhares de crianças e adolescentes brasileiros.

A tentativa da Constituição Federal e do ECA de universalizar os direitos da criança e do adolescente acaba não suportando as especificidades de determinados grupos. Crianças e adolescentes que vivem em situação de rua, como se pode aferir a partir contextualização acima, compõem um grupo extremamente diversificado, que estão nas ruas por diferentes motivos, diferentes períodos, diferentes realidades, mas tendo em comum a violação grave e escancarada a direitos humanos e fundamentais. Por esta razão, mostram-se extremamente relevantes as discussões institucionais e os estudos envolvendo o público de crianças e adolescentes em situação de rua, como forma de retirá-los da sombra silenciadora da invisibilidade.

1.3 Direito da Criança e do Adolescente no Brasil: da situação irregular à proteção integral

O Direito da Criança e do Adolescente evoluiu no decorrer da história do Brasil, revelando diferentes concepções em diferentes épocas sobre crianças e adolescentes, em especial aqueles provenientes de famílias de pouca renda. Por isso é importante destacar alguns aspectos que envolvem as doutrinas da situação irregular e da proteção integral, seus fundamentos e princípios, suas diferenças e implicações.

O Código Mello de Mattos de 1927 é a normatização do Direito do Menor, que revelava a infância e a adolescência carentes no Brasil como um perigo para a sociedade, uma vez que, de pronto, eram relacionadas à criminalidade, à marginalização, à insegurança, à vagabundice. O Direito do Menor fundava-se no binômio carência-delinquência, ou seja, havia uma concepção de que toda criança ou adolescente que se encontrava em situação de carência era delinquente. Havia a criminalização da infância pobre. Outro pilar do Direito do Menor era a política de internação – que era utilizada como forma de proteger a sociedade dos menores delinquentes. O Estado determinava a internação do menor mediante ordem do Juiz de Menores, que detinha amplos poderes sobre seu destino, sem sequer haver a necessidade de motivação de sua decisão.

Delineava-se, assim, a chamada doutrina ou teoria da Situação Irregular, que veio a ser consolidada pelo Código de Menores de 1979 (Lei nº. 6.697/69). O art. 2º desse Código define os menores em situação irregular:

> Art. 2º Para os efeitos deste Código, considera-se em situação irregular o menor:
>
> I - privado de condições essenciais à sua subsistência, saúde e instrução obrigatória, ainda que eventualmente, em razão de:
>
> a) falta, ação ou omissão dos pais ou responsável;
>
> b) manifesta impossibilidade dos pais ou responsável para provê-las;

> II - vítima de maus tratos ou castigos imoderados impostos pelos pais ou responsável;
>
> III - em perigo moral, devido a:
>
> a) encontrar-se, de modo habitual, em ambiente contrário aos bons costumes;
>
> b) exploração em atividade contrária aos bons costumes;
>
> IV - privado de representação ou assistência legal, pela falta eventual dos pais ou responsável;
>
> V - Com desvio de conduta, em virtude de grave inadaptação familiar ou comunitária;
>
> VI - autor de infração penal[21]

Os menores em situação irregular eram responsabilizados por sua própria condição de irregularidade, havendo grande liberdade para o juiz de menores aplicar a medida drástica de internação. Tratava-se de um regime autoritário, centralizador, caracterizado por uma política de segregação e pelo binômio carência-delinquência, em completo descompasso com as discussões da comunidade internacional no sentido de reconhecer crianças e adolescentes como sujeitos de direitos. Os menores eram considerados um problema social e, por essa razão, passíveis de intervenção estatal como forma de garantir a segurança pública.

A teoria da situação irregular não concebia crianças e adolescentes como sujeitos de direito. Na verdade, eram considerados seres impotentes, não-pessoas, incapazes e despreparados para serem cidadãos e cidadãs. Daí surgem as rotulações das crianças e dos adolescentes que viviam nas ruas – pivetes, menores, trombadinhas – revelando a opinião pública formada por este paradigma discriminatório da situação irregular. O direito

21 Lei nº 6.697/79, Código de Menores.

do menor alcançava apenas aquelas crianças pobres, ou seja, as que eram consideradas em situação irregular.

Em âmbito internacional, as discussões acerca dos direitos da criança e do adolescente, num contexto de luta pelos direitos humanos, culminaram na criação de diversos documentos internacionais sobre os direitos da criança, os quais tiveram grande influência no sistema jurídico brasileiro, como já mencionado. Com isso, a comunidade internacional passou a perceber a ineficácia da doutrina da situação irregular, não apenas no Brasil, e sua incompatibilidade com a promoção e defesa dos direitos humanos.

A Convenção dos Direitos da Criança de 1989, ratificada pelo Brasil em 1990 por meio do Decreto 99.710 de 21 de novembro de 1990, foi o grande marco do início da vigência da nova doutrina, a da Proteção Integral.[22] A teoria da Proteção Integral abandona a nomenclatura pejorativa "menores" e passa a considerar crianças e adolescentes como sujeitos de direito que, por apresentarem condição peculiar de pessoas em desenvolvimento, devem ser protegidos em sua integralidade com prioridade absoluta. No Brasil, a doutrina da Proteção Integral foi consagrada pela Constituição Federal de 1988 em seus artigos 227 e 228 e pela Lei nº. 8.069/90, o Estatuto da Criança e do Adolescente.[23]

O Direito da Criança e do Adolescente busca conferir uma universalidade de tratamento, destinando-se a todas as crianças e a todos os adolescentes sem distinção. Ademais, determina o dever da sociedade, da família e do Estado de garantir os seus direitos fundamentais de forma integral com absoluta prioridade. Ou seja, o ordenamento jurídico brasileiro passa a reconhecer crianças e ado-

22 FERREIRA, João Hélio. Direitos Humanos: crianças e adolescentes. Curitiba: Juruá, 2010.

23 MELO, Eduardo Rezende. *Crianças e Adolescentes em situação de rua: Direitos Humanos e Justiça* São Paulo: Malheiros Editores, 2011.

lescentes como seres autônomos, titulares de diretos fundamentais e que devem ser protegidos por todos, não apenas pelo Estado.

O artigo 227 da Constituição Federal prevê direitos fundamentais próprios das crianças e dos adolescentes, quais sejam: o direito à vida, à saúde, à alimentação, à educação, ao lazer, à profissionalização, à cultura, à dignidade, ao respeito, à liberdade e à convivência familiar; além de atribuir ao Estado, à sociedade e à família a corresponsabilidade por assegurar que tais direitos sejam concretizados.[24]

Observa-se, com isso, uma mudança paradigmática do direito da criança e do adolescente. A teoria da proteção integral é adotada no Brasil até os dias atuais e trata-se de uma doutrina universalista, ou seja, que busca alcançar não apenas aqueles em situação de carência ou delinquência, mas todas as crianças e adolescentes, sem exceção. Esta busca por um tratamento universal a todas as crianças e a todos os adolescentes por um lado é positiva, já que rompe com a discriminatória teoria da situação irregular, mas por outro lado é problemática, na medida em que pode tornar-se incapaz de atender às peculiaridades de públicos específicos.

É o caso, por exemplo, das crianças em situação de rua. Mesmo após o advento da doutrina da proteção integral e de todos os instrumentos legais para a promoção e a garantia de seus direitos, ainda é corriqueira no cotidiano das grandes cidades a presença de muitas crianças e adolescentes em situação de extrema pobreza, vagueando pelas ruas dos grandes centros urbanos. Mello[25] fala inclusive em um "silêncio jurídico" em torno da questão de crianças e adolescentes em situação de rua, porquanto não há registros em lei acerca desta situação específica de violação a direitos.

---

24 BRASIL. Constituição (1988). *Constituição da República Federativa do Brasil.* Senado Federal, 2015.

25 MELO, Eduardo Rezende. Crianças e Adolescentes em situação de rua: Direitos Humanos e Justiça. São Paulo: Malheiros Editores, 2011.

A tentativa de conferir tratamento igualitário não pode acabar ofuscando as desigualdades, que devem ser tratadas em suas devidas medidas. Além da vulnerabilidade própria de pessoas em desenvolvimento – que, em razão da idade, acabam dependendo de adultos para alimentar-se, para aprender a falar, a escrever, a andar etc -, a situação de rua expõe crianças e adolescentes a uma realidade ainda mais extrema de vulnerabilidade, já que representa um cenário de violação total a direitos humanos e fundamentais, especialmente no que se refere ao reconhecimento de sua identidade e de sua subjetividade.

É comum que crianças e adolescentes associem a rua a um local de liberdade, onde não se têm regras, onde se sentem livres da supervisão dos adultos. Contraditoriamente, para crianças e adolescentes que vivem nessas condições, a rua se revela um espaço de violência, de violação a direitos humanos e fundamentais, de negação da subjetividade, de invisibilidade. A rua, espaço associado à liberdade, torna-se, na verdade, um local de violências e de negação de direitos.

Crianças e adolescentes em situação de rua ainda sofrem discriminações e rotulações, reflexos de resquícios da doutrina da situação irregular na sociedade. Eis um verdadeiro desafio ao atual Direito da Criança e do Adolescente, o empenho para alcançar também esta parcela da população, aplicando, de fato, os princípios norteadores da teoria da proteção integral.

1.4 O Direito Achado na Rua

Os movimentos sociais tratam de representar determinados grupos que vivem um processo de exclusão social, lutando por seus direitos ou pelo seu reconhecimento por parte do Estado. Porém, o que é o direito?

A concepção tradicional, jurídico-dogmática, da ciência jurídica muitas vezes confunde a concepção de direito com a de lei, supervalorizando a positivação de direitos enquanto conquista. A teoria pura do direito de Hans Kelsen, por exemplo, pode ser interpretada como uma tese fortemente ligada ao positivismo jurídico, a um conceitualismo formal. Esta confusão entre direito e norma posta pode ser observada de forma clara em Kelsen[26]:

> A ciência jurídica procura apreender o seu objeto. 'juridicamente', isto é, do ponto de vista do Direito. Apreender algo juridicamente não pode, porém, significar senão apreender algo como Direito, o que quer dizer: como norma jurídica ou conteúdo de uma norma jurídica, como determinado através de uma norma jurídica.

A supervalorização do positivismo jurídico acaba mascarando os mais diversos aspectos que envolvem a ideia de direito. Lyra Filho faz crítica veemente ao isolamento teórico, considerando importante uma reorientação das atividades intelectuais sob um prisma multidisciplinar, tendo como fundamento um pensamento crítico, científico e dialético.

Roberto Lyra Filho, unindo-se a um grupo de juristas, iniciou um movimento chamado Nova Escola Jurídica Brasileira (NAIR) na Universidade de Brasília, apresentando seus primeiros contornos e fundamentos teóricos. Esta escola tem por objetivo estudar o Direito sob uma nova perspectiva e desenvolver prática e teoricamente O Direito Achado na Rua. Atualmente, O Direito Achado na Rua é desenvolvido e coordenado pelo professor José Geraldo de Sousa Junior.

Neste contexto da ascensão de teorias críticas dos direitos humanos, surgiram duas expressões epistemológicas que prece-

---

26 KELSEN, Hans. Teoria pura do direito. Trad. João Baptista Machado. São Paulo: WMF Martins Fontes, 2009.

dem e conduzem à formulação de O Direito Achado na Rua, sendo elas o Direito Alternativo e o Direito Insurgente.[27]

O Direito Alternativo, destacando a perspectiva da justiça dos oprimidos, busca mostrar que a neutralidade da lei é um mito. O Direito Insurgente, por sua vez, busca romper com a ideologia classista, burguesa, de igualdade perante a lei, enaltecendo o direito dos oprimidos e os movimentos e lutas da classe trabalhadora. Considerando a crítica ao dogmatismo jurídico, ambas expressões podem ser consideradas contemporâneas ao Direito Achado na Rua.

O Direito Achado na Rua (DANR) revoluciona a concepção de Direito, em contraposição à concepção positivista dogmática. Trata-se de uma nova forma de interpretar o Direito sob uma perspectiva emancipatória do sujeito. O DANR reconhece que o direito nasce nas ruas, nos espaços públicos, a partir do clamor, do grito, das reinvindicações de grupos sociais de espoliados, excluídos, reprimidos. Trata-se de uma ciência sócio jurídica que surge em contraposição à concepção positivista puramente dogmática do direto.

O Direito Achado na Rua busca superar a separação entre a teoria e a prática. Ou seja, o DANR considera tanto o aspecto epistemológico quanto o prático da concepção do Direito, reconhece o Direito sob uma perspectiva de denúncia a violações e omissões estatais e enunciação de direitos por intermédio dos novos sujeitos de direito, os sujeitos coletivos, isto é, os movimentos sociais.

Entende-se o Direito como enunciação de princípios sociais, através de práticas sociais criadoras de direito, com o objetivo de conquistar liberdade e igualdade, fundamentando-se no humanismo e no exercício da cidadania ativa desses sujeitos coletivos. Isto é, busca-se restaurar a confiança dos oprimidos e espoliados

27 SOUSA JUNIOR, José Geraldo de. O Direito Achado na Rua: Concepção e Prática. Rio de Janeiro: Editora Lumen Juris, 2015.

para que se empoderem e se tornem os verdadeiros protagonistas de suas vidas e de seu destino, através da participação direta da sociedade civil e dos movimentos sociais nos espaços de decisão política e de criação de direitos.

Não se trata de desconsiderar a importância das conquistas normativas dos mais diversos sujeitos coletivos, mas de abrir horizontes para uma perspectiva emancipatória e libertadora de sujeitos, transcendendo a concepção dogmática tradicional do direito enquanto norma positivada. Trata-se do direito não como norma posta ou imposta, mas como construção: "(...) o Direito não é; ele se faz, nesse processo histórico de libertação – enquanto desvenda progressivamente os impedimentos da liberdade não lesiva aos demais. Nasce na rua, no clamor dos espoliados e oprimidos" [28]

Importa destacar que o Direito Achado na Rua reconhece que a sociedade é dinâmica e que o direito, por sua vez, deve ser um espaço sempre aberto, apto a adequar-se às novas demandas dos sujeitos de direito e dos novos sujeitos coletivos. Ou seja, o Direito não deve ser um espaço fechado, uma norma posta e imposta, mas antes deve acompanhar o clamor social, deve expressar o direito que a própria sociedade clama e enuncia.

Portanto, segundo a teoria crítica de o Direito Achado na Rua, o direito nasce nas ruas, nos espaços públicos, sendo enunciado por sujeitos de direito coletivos, politicamente organizados, gerados para exercerem a cidadania de forma ativa, denunciando violações e omissões e reivindicando o reconhecimento de seus direitos. As reflexões dos próximos capítulos, portanto, se darão à luz da teoria sócio jurídica do Direito Achado na Rua.

28 LYRA FILHO, Roberto. O que é Direito. Editora Brasiliense, 1995.

Capítulo 2. Direitos Humanos e Personalidade Jurídica de Crianças e Adolescentes

O valor absoluto da dignidade justifica a sua indisponibilidade, ou seja, o ser humano não pode renunciar à dignidade. "Mesmo aquele que já perdeu a consciência da própria dignidade merece tê-la (sua dignidade) considerada e respeitada"[29]. Kant reconhece que a dignidade humana não tem preço, sendo incabível sua substituição por algo equivalente. Isto porque, se o ser humano é um fim em si mesmo, este não tem um preço, mas sim um valor íntimo, que é a própria dignidade.

Para Habermas, a dignidade humana é a fonte moral de onde emanam os direitos fundamentais. "A defesa dos direitos humanos nutre-se da indignação dos humilhados pela violação de sua dignidade"[30]. Os direitos humanos surgem, assim, em um contexto de busca pela igualdade, tendo em vista que a dignidade, com toda sua carga valorativa axiológica, é inerente a todo ser humano, inclusive aos mais marginalizados pela sociedade.

A luta pelo reconhecimento de direitos humanos objetiva, acima de tudo, promover a dignidade humana. Os direitos humanos, portanto, são um conjunto de direitos básicos de todo ser humano que têm por finalidade assegurar o mínimo existencial e o suprimento das necessidades mais fundamentais das pessoas, baseado no princípio da dignidade humana.

---

29 SARLET, Ingo Wolfgang. Dignidade da pessoa humana e Direitos Fundamentais na Constituição Federal de 1988. Porto Alegre: Livraria do Advogado, 2008, p. 50.

30 HABERMAS, Jügen. *The concept of human dignity and the realistic utopia of Human Rights*. 2010.

Peres Luño[31] afirma a dimensão histórico-cultural da luta por direitos humanos, no sentido de que cada momento histórico apresenta suas exigências e demandas por direitos, devendo haver o reconhecimento normativo destes, tanto nacional, quanto internacionalmente. Considerando esta dimensão histórica, as teorias tradicionais de direitos humanos tratam do seu aspecto geracional. Para tanto são divididos, a princípio, em três gerações de direitos referentes aos direitos individuais (primeira geração), aos direitos sociais (segunda geração) e aos direitos difusos e coletivos (terceira geração), contemplando os princípios da liberdade, da igualdade e da fraternidade, respectivamente. Cada uma das referidas gerações de direitos exigia do Estado um comportamento diferente frente à sociedade, ora abstendo-se de sua interferência, ora atuando de forma afirmativa a fim de garantir direitos.

As gerações de direitos humanos – em âmbito internacional – e de direitos fundamentais – em âmbito nacional – tratariam, na verdade, de uma resposta às demandas da sociedade em cada momento histórico. A pedagogia da divisão em gerações dos direitos humanos propicia uma boa noção evolutiva das conquistas normativas de direitos humanos no decorrer do tempo, de acordo com as necessidades e as demandas emergentes na sociedade, considerando o contexto de cada momento histórico; ora exigindo do Estado uma postura negativa, no sentido de conferir maior liberdade para os cidadãos; ora uma postura positiva, no sentido de desenvolver políticas aptas a atender às necessidades básicas da população, sempre tendo em vista a dignidade humana e a sua universalidade.

Contudo, esta classificação em gerações pode ser problemática na medida em que categoriza determinados direitos de forma extremamente evolutiva e unilateral, correndo-se o risco

31 PERES LUÑO, Antonio. *Derechos humanos, Estado de derecho y Constituición.* Madrid: Tecnos, 1995, p. 48

de se desprezar um importante princípio dos direitos humanos, o da indivisibilidade. As conquistas dos direitos humanos não tratam de um fenômeno de "sucessão geracional", mas sim de ampliação, acúmulo e fortalecimento dos direitos humanos de forma interativa e complementar, como afirma Cançado Trindade[32], numa lógica de irredutibilidade.

Nesse sentido, a luta pela dignidade humana – sem desconsiderar a importância pedagógica da teoria das gerações de direitos humanos – deve primar pelos princípios da interdependência e da indivisibilidade dos direitos humanos[33]. Em outras palavras, não se deve presumir a superação de determinado grupo de direitos em detrimento do relativo à geração subsequente. Pelo contrário, os direitos de primeira geração, por exemplo, devem ser reputados tão urgentes quanto os direitos de gerações mais recentes. Não há, portanto, direitos novos e antigos[34], mas sim o reconhecimento de direitos que se complementam e se comunicam entre si num movimento constante de luta pela dignidade humana sob um prisma universal, que também se mostra, por vezes, contraditório.

Esta perspectiva historicista, que surge com a modernidade, em meio ao pensamento iluminista, que inspirou as lutas burguesas do século XVIII na Europa, acaba gerando também um paradoxo da universalidade, que é própria dos direitos humanos[35]. Ou

32 Em ALVES, José Augusto Lindgren. Os Direitos Humanos como tema global. São Paulo: Perspectiva, 2003.

33 FLORES, Joaquin Herrera. A reinvenção dos direitos humanos. Florianópolis: Boiteux, 2009, p 69.

34 RUBIO, David Sanches. Encantos e desencantos dos direitos humanos: de emancipações, libertações e dominações. Porto Alegre: Livraria do Advogado Editora, 2014, p. 91

35 RUBIO, David Sanches. Encantos e desencantos dos direitos humanos: de emancipações, libertações e dominações. Porto Alegre: Livraria do Advogado Editora, 2014, p. 88

seja, esta concepção geracional pode acabar reforçando o imaginário excessivamente ocidentalista e enrijecendo-se em um modelo de modernidade liberal e burguesa. Todavia, existem diversos contextos e realidades de grupos sociais de oprimidos que não cabem nesta fôrma, daí o paradoxo que se cria em torno do princípio da universalidade: os direitos humanos são para todos, quem?

Sendo assim, o princípio da universalidade também se apresenta problemático, na medida em que busca conferir uma certa igualdade de tratamento a todo e qualquer ser humano, incorrendo, muitas vezes, no equívoco de se fomentar ainda mais as desigualdades em nome da inclusão e da busca pela igualdade. É nesse sentido que a teoria crítica dos direitos humanos defronta a universalidade professada pelas teorias tradicionais.

Segundo o autor espanhol Herrera Flores[36], os direitos humanos, enquanto produtos culturais, seriam práticas de processos políticos, normativos, sociais e econômicos que propiciam espaços de luta pela dignidade. O reconhecimento, o respeito, a reciprocidade, a responsabilidade e a redistribuição formam "o único caminho para uma nova cultura dos direitos que atualize o princípio de esperança inerente a toda ação humana consciente do mundo em que vive e da posição que nele ocupa".[37]

Dessa forma, a relação entre iguais não é a preocupação maior da luta pelos direitos humanos, mas antes a proteção dos mais fracos e a busca pela igualdade, na medida em que se reconhece a universalidade do princípio da dignidade humana – que é basilar tanto para o ordenamento jurídico internacional, no que se refere aos direitos humanos, quanto para o ordenamento jurídico interno de cada

36 FLORES, Joaquín Herrera. Teoria Crítica dos Direitos Humanos: os Direitos Humanos como produtos culturais. Rio de Janeiro: Editora Lumen Juris, 2009.

37 FLORES, Joaquín Herrera. Teoria Crítica dos Direitos Humanos: os Direitos Humanos como produtos culturais. Rio de Janeiro: Editora Lumen Juris, 2009, p. 111.

Estado democrático, relativo aos direitos fundamentais. Segundo Cançado Trindade, os direitos humanos ocupam-se das relações entre desiguais, buscando reparar disparidades e posicionando-se em favor dos mais fracos. "É o direito de proteção dos mais fracos e vulneráveis, cujos avanços em sua evolução histórica se têm devido em grande parte à mobilização da sociedade civil contra todos os tipos de dominação, exclusão e repressão". [38]

Desde as primeiras concepções de direito, oriundas do jusnaturalismo, até a filosofia do direito e as teorias tradicionais, geracionais e críticas dos direitos humanos, observa-se uma grande pluralidade de conceitos. A Declaração Universal de 1948 e, posteriormente, a Declaração de Direitos Humanos de Viena de 1993, traduzem a concepção contemporânea de direitos humanos. Esta concepção se deu em um contexto de atrocidades vivido na Segunda Guerra Mundial. O período pós-guerra caracterizou-se pela preocupação com o ser humano, em sua dignidade, já que se viveu com o nazismo tempos de descartabilidade e desprezo do ser humano, representando uma grave ruptura com os direitos humanos.[39]

Portanto, a reconstrução dos direitos humanos no período pós-guerra se deu no sentido de reconhecer que todo e qualquer ser humano é sujeito de direitos, independentemente de qualquer outra condição, não se limitando ao domínio reservado do Estado, mas devendo ter um aparato também internacional. A partir daí se deu a criação de todo um sistema internacional de proteção aos direitos humanos. A ideia de igualdade e dignidade são afirmadas por estes instrumentos internacionais, consagrando o caráter universal, indivisível, interdependente e inter-relaciona-

---

38 PIOVESAN, Flávia. Direitos Humanos e Direito Constitucional Internacional. São Paulo: Saraiva, 2013.

39 PIOVESAN, Flávia. Direitos Humanos desafios da ordem internacional contemporânea. Porto Alegre: EMAGIS, 2005, p. 7.

do dos direitos humanos, bem como a personalidade jurídica a capacidade de todo ser humano para usufruir de direitos, sem qualquer distinção.

Cumpre destacar a situação das crianças. Este período de desconstrução dos direitos humanos, no contexto ocidental, foi marcado pelo massacre e pelo abandono de milhares de crianças. Assim, no período pós-guerra - período de reconstrução dos direitos humanos - os organismos internacionais passaram a incluir também em suas pautas a questão dos direitos da criança. Já na Declaração Universal dos Direitos Humanos de 1948, há menção à proteção social de todas as crianças. Isso caracteriza crianças também como sujeitos de direito, titulares de direitos humanos e necessitadas de proteção.

A partir das discussões da comunidade internacional acerca da proteção dos direitos humanos de crianças e adolescentes, o Brasil adotou a nova doutrina da proteção integral, reconhecendo crianças e adolescentes como sujeitos de direito. Esta subjetividade jurídica reconhecida positivamente representou um grande progresso para o Direito da Criança e do Adolescente, rompendo com antigos paradigmas que desprezavam a criança e sequer a consideravam como ser humano.

Em um contexto de massivas violações aos direitos humanos de crianças e adolescentes em situação de rua – os menores, os pivetes, os de menor, os trombadinha, os meninos de rua, os malandros, os bandidos –, em resposta a este quadro discriminatório e denegatório de direitos, nasce o Movimento Nacional dos Meninos e Meninas de Rua. O MNMMR é um movimento social politicamente organizado de crianças e adolescentes em situação de rua no Brasil, que surgiu na década do 1980, tendo como objetivo demandar do Estado o reconhecimento de crianças e adolescentes como sujeitos de direito, titulares de direitos fundamentais. A atuação do MNMMR foi fundamental para o acréscimo do art. 227 na Constituição Federal e para a aprovação do ECA.

Contudo, ainda existem milhares de crianças e adolescentes, como as que vivem em situação de rua, que apresentam uma realidade distinta do que se estipulou normativamente, tendo sua subjetividade negada através de representações sociais degradantes e discriminatórias que acabam fomentando um quadro de violações de direitos – e, portanto, negando também sua condição de ser humano, de ser de dignidade humana, de ser sujeito de direito. Assim, o reconhecimento da subjetividade jurídica, para além da positivação, é extremamente importante no que tange à enunciação de direitos e à afirmação da dignidade humana.

2.1. Universalidade e singularidade do sujeito de direitos humanos

"Temos o direito de ser iguais quando a nossa diferença nos inferioriza; e temos o direito de ser diferentes quando a nossa igualdade nos descaracteriza", escreve Boaventura[40]. A universalidade e a igualdade dos direitos humanos são princípios que devem ser interpretados com esmero, a fim de não se incorrer no erro de invocá-los para justificar condutas excludentes e discriminatórias.

A universalidade dos direitos humanos é indiscutível. Entretanto, essa universalidade, que busca englobar todo e qualquer ser humano, considerados seres de dignidade, deve ter como pressuposto a diversidade e a pluralidade de sujeitos. Isto

40 SANTOS, Boaventura de Sousa. Reconhecer para libertar: os caminhos do cosmopolitanismo multicultural. Introdução: para ampliar o cânone do reconhecimento, da diferença e da igualdade. Rio de Janeiro: Civilização Brasileira, 2003, p. 56.

é, os direitos humanos devem buscar a proteção de todo e qualquer ser humano, contemplando as peculiaridades e particularidades de determinados grupos sociais, principalmente os que se encontram em um estado de denegação de sua subjetividade e de violação de direitos.

A universalização dos direitos humanos, ou seja, o tratamento dos direitos humanos como universais, é relativizada pelas teorias críticas, na medida em que sopesam o perigo da não contemplação, ou até mesmo da exclusão, de determinados grupos sociais menos favorecidos do raio de proteção dos direitos humanos. Desse modo, o princípio da universalidade deve ser interpretado de forma a contemplar também as singularidades de determinados grupos sociais.

É nesse sentido que cresce também a ideia de singularização dos direitos humanos como forma de reconhecer as peculiares necessidades de proteção de certos grupos da população, como é o caso das crianças. Assim sendo, o direito à diferença nasce junto do direito à igualdade. O sistema de proteção dos Direitos Humanos, portanto, buscando tutelar de forma particular estes grupos menos favorecidos, segue nessa esteira da singularização como forma de universalização.[41]

A multiplicidade de sujeitos de direitos não pode ser reduzida à compreensão de uma massa única de pessoas, mas antes apreendida em sua diversidade. Ou seja, a noção de universalidade dos direitos humanos é enriquecida pela ideia de diversidade cultural, que não deve ser suscitada, de forma alguma, para justificar denegações de direitos humanos[42], mas antes para

---

41 PIOVESAN, Flávia. Direitos Humanos e Direito Constitucional Internacional. São Paulo: Saraiva, 2007, pp. 184-186.

42 ALVES, José Augusto Lindgren. Os Direitos Humanos como tema global. São Paulo: Perspectiva, 2003, p. XXIX.

afirmá-los através do reconhecimento do direito à diferença e do respeito às especificidades de determinados grupos, como o de crianças e adolescentes. Daí se dá a ideia também da luta pelo reconhecimento da dignidade humana como universal, buscando-se a contemplação de toda pluralidade de sujeitos em suas demandas mais específicas.

O reconhecimento do direito à diferença como corolário da dignidade humana e do próprio princípio da igualdade afirma, na verdade, a existência na sociedade de grupos desfavorecidos, estigmatizados e espoliados. O direito à diferença, por sua vez, vem na contramão destes paradigmas discriminatórios construídos institucional, cultural e socialmente ao longo da história, buscando afirmar positivamente a identidade e a subjetividade destes indivíduos, pautando-se no esforço estatal e não estatal pelo respeito e promoção de seus direitos.[43]

O reconhecimento do direito à diferença e da titularidade de direitos de crianças e adolescentes como manifestação da dignidade da pessoa humana trata, assim, de um esforço para se desconstruir representações sociais que, até hoje, denegam seus direitos. Evidencia-se uma perspectiva de empoderamento e emancipação de crianças e adolescentes como sujeitos de direito, titulares de direitos humanos, manifestada na luta por sua autodeterminação e participação social.[44]

A busca pelo aperfeiçoamento da proteção dos direitos humanos através de sua adequação e especificação a grupos sociais determinados, com demandas próprias tendo em vista suas particularidades, é, na verdade, uma busca pela igualdade material

---

43 SARLET, Ingo Wolfgang. Dignidade da pessoa humana e Direitos Fundamentais na Constituição Federal de 1988. Porto Alegre: Livraria do Advogado, 2008, p. 58.

44 MELO, Eduardo Rezende. Crianças e adolescentes em situação de rua: direitos humano e justiça. São Paulo: Malheiros Editores, 2011, pp. 43-44.

dos seres humanos. A máxima de que todos são iguais perante a lei trata de uma igualdade formal que, de certa forma, abomina a diferença. Já a igualdade material é entendida em dupla dimensão como aquela que busca a justiça pelo reconhecimento das identidades e pela redistribuição de cunho socioeconômico[45].

É nesse sentido, dessa busca pela igualdade material dos direitos humanos, que as políticas específicas emergem junto das universalistas, buscando conferir visibilidade aos sujeitos de direito que são excluídos ou vitimizados, ou seja, que sofrem violações de direitos humanos. Os direitos humanos devem ocupar-se de garantir que os mais diversos grupos sociais, em especial os mais excluídos, sejam de fato sujeitos de direito e não se tornem apenas matéria de discursos em defesa dos direitos humanos. Os direitos humanos devem ser instrumentos eficazes à luta dos discriminados e espoliados da sociedade, envidando esforços em prol do reconhecimento da igualdade, que, sobretudo, respeita e reconhece a diferença a fim de garantir a identidade dos sujeitos.[46]

O reconhecimento de que todos os seres humanos são titulares de direitos humanos, já que constituídos em dignidade, e, por conseguinte, sujeitos de direito, trata de uma construção relacional. Ou seja, o sujeito de direito não o é, ou não há necessidade de ser por si só, mas sim nasce da intersubjetividade, da alteridade, da relação com o outro. O ser sujeito de direitos, portanto, pressupõe esse relacionar-se e surge a partir daí. Esta relação entre sujeitos, característica da subjetividade, ou melhor, da intersubjetividade, sustenta-se na contemplação das diferenças.

---

45 PIOVESAN, Flávia. Direitos Humanos: desafios da ordem internacional contemporânea. Porto Alegre: EMAGIS, 2005, p. 22.

46 SANTOS, Boaventura de Sousa e CHAUI, Marilena. Direitos Humanos, democracia e desenvolvimento. São Paulo: Cortez, 2013, p. 42.

Sendo assim, a subjetividade jurídica nasce no cerne do ser com os outros[47]. É nesse sentido que se dá também o caráter emancipatório do reconhecimento da subjetividade jurídica, nesta alteridade. As relações intersubjetivas são relações complexas, já que o ser humano é complexo, diferente, plural, diverso.

Assim, o sujeito de direitos apresenta um caráter pluridimensional. O reconhecimento de sua subjetividade pressupõe a afirmação e o respeito de sua singularidade e particularidade; e pressupõe também a alteridade, o relacionar-se com o outro, o reconhecimento do outro como sujeito de direitos. Essa é a tensão produtiva entre a universalidade e a singularização; entre a igualdade e o direito à diferença, como expressões da dignidade humana.

A titularidade de direitos humanos de crianças e adolescentes, portanto, é retrato do reconhecimento do direito à diferença, ou seja, do reconhecimento de que crianças e adolescentes, por apresentarem suas peculiaridades e serem pessoas em desenvolvimento, merecem um tratamento diferenciado e uma proteção própria e específica; e também é retrato do reconhecimento do direito à igualdade, visto que se busca a justiça através do reconhecimento da identidade da criança e do adolescente.

Assim, o Direito da Criança e do Adolescente nasce destas tensões produtivas. Os direitos humanos de crianças e adolescentes exprimem este caráter pluridimensional da subjetividade ou intersubjetividade jurídica.

Os direitos humanos de crianças e de adolescentes nascem da necessidade – revelada em suas demandas por direitos – de desconstrução de representações sociais discriminatórias, de

47 CARBONARI Paulo César. Sujeito de direitos humanos: questões abertas e em construção. In:

SILVEIRA, R.M.G. et. Al. (Orgs). Educação em direitos humanos: fundamentos teórico-metodológicos. João Pessoa: Editora Universitária, 2007, p. 177

abolição de violações a direitos básicos, de superação da condição de vítimas e de afirmação da subjetividade jurídica, sob uma perspectiva emancipatória, intentando sua efetiva integração na condição de sujeitos. Reconhecer, de fato, crianças e adolescentes como sujeitos de direito e não os posicionar apenas no plano vazio dos discursos de direitos humanos, é o intento deste movimento em promoção dos direitos da população infanto-juvenil.

2.2 Direitos Humanos e o reconhecimento da subjetividade jurídica internacional de crianças e adolescentes

Como já mencionado, o período pós-guerra representou um momento de reconstrução dos direitos humanos, tendo em vista o contexto de desprezo do ser humano, evidenciado nas torturas e nos massacres vivenciados à época. Nessa conjuntura, constatou-se a presença de inúmeras crianças abandonadas nas ruas. Com isso, a comunidade internacional voltou os olhares para a posição da criança e do adolescente na ordem jurídica internacional.

Os direitos da criança e do adolescente passaram a ganhar espaço protetivo internacional, sendo incorporados em textos de diversos tratados, pactos e diretrizes. Além da proteção conferida em razão da própria condição de seres humanos, expressa em todos os demais documentos internacionais sobre direitos humanos, alguns instrumentos passaram a prever proteção específica a crianças e adolescentes, reconhecendo justamente esta necessidade de singularização e de proteção própria em razão de peculiaridades de sua condição. A positivação destes direitos são marcos significativos na luta pelo reconhecimento e promoção dos direitos da criança e do adolescente.

Em 1923, uma organização não governamental, a *International Union for Child Welfare*, estabeleceu os princípios do Direito da Criança, vindo a compor, em 1924, o primeiro documento internacional de caráter amplo que trata especificamente sobre os direitos da criança, a Declaração de Genebra. Em 1948, foi proclamada pela Assembleia Geral das Nações

Unidas a Declaração Universal dos Direitos Humanos, que prevê em seu artigo 26 que "todas as crianças, nascidas dentro ou fora do matrimônio, gozam da mesma proteção social".

Tendo em vista a necessidade de pormenorização dos direitos e garantias de proteção de crianças e adolescentes, buscando-se aperfeiçoar a Declaração de 1948 e reforçar a concepção de crianças e adolescentes como sujeitos de direito, a ONU aprovou em 1959 a Declaração dos Direitos da Criança e do Adolescente. Em 1966, o Pacto Internacional sobre Direitos Civis e Políticos dispôs que todas as crianças, sem qualquer distinção, gozam da proteção que sua condição de menor exige. A Convenção Americana sobre Direitos Humanos (Pacto de San José da Costa Rica) de 1969, por sua vez, trata dos direitos da criança em seu artigo 19: "Toda criança tem direito às medidas de proteção que a sua condição de menor requer por parte da sua família, da sociedade e do Estado". [48]

Em 1989 consolidou-se um dos instrumentos mais importantes do Direito da criança e do adolescente, um verdadeiro marco jurídico, a Convenção sobre os Direitos da Criança. Esta convenção foi fruto de discussões que se iniciaram em 1979, considerado o ano internacional da criança e do adolescente, e que culminaram na positivação de direitos mais amplos e na estipulação de um caráter mais coercitivo aos Estados membros, uma

48 SILVA, Marco Junior Gonçalves da. Tratados internacionais de proteção infanto-juvenil. In: Âmbito Jurídico, Rio Grande, XV, n. 106, nov 2012.

vez que os instrumentos já existentes tratavam apenas de declarações, não havendo um caráter de coercibilidade.

Essa convenção trouxe importantes inovações, como o conceito universal de criança, a consagração do princípio do superior interesse da criança, a ampliação das esferas de proteção do direito da criança, o reconhecimento expresso de que crianças são titulares de direitos fundamentais e que, portanto, são sujeitos de direito, entre outros. A Convenção sobre os Direitos da Criança, sem dúvida, representa um marco normativo internacional de proteção da infância e da juventude, servindo como base para a atual doutrina da proteção integral do Direito da Criança e do Adolescente.[49]

A partir desta Convenção, inovou-se o paradigma de proteção dos direitos infantojuvenis, refletindo-se também na esfera nacional dos Estados-membros, que passaram a adequar seus direitos internos às normativas e aos princípios por ela enunciados. Assim, sendo base de sustentação de toda a ordem jurídica internacional de proteção da infância, a Convenção serviu e serve como norte para a formação de novos instrumentos jurídicos internacionais, como a Declaração Mundial sobre a sobrevivência, a proteção e o desenvolvimento das crianças de 1990, as Diretrizes das Nações Unidas para a prevenção da delinquência juvenil de 1990, as Regras Mínimas das Nações Unidas para a proteção dos jovens privados de liberdade também de 1990, a Declaração do Panamá de 2000 – fruto da X Cúpula ibero-americana de chefes de Estado e de Governo, "Unidos pela infância e adolescência, base da justiça e da equidade do novo milênio" –, entre outros.

A positivação dos direitos da criança e do adolescente na seara internacional, ratificando-os como sujeitos de direito, titu-

49 ALVES, José Augusto Lindgren. Os Direitos Humanos como tema global. São Paulo: Perspectiva, 2003, p. 60.

lares de direitos humanos e fundamentais, dotados igualmente de dignidade, devendo ser protegidos de maneira singular em razão de sua condição de pessoa em desenvolvimento, são avanços muito importantes na luta pela promoção dos direitos da criança, uma vez que formam parâmetros para os ordenamentos jurídicos internos dos países-membros, além de fomentarem uma mudança social de paradigma da infância, principalmente daquela mais discriminada e desprezada.

O reconhecimento destes direitos pressupõe também o reconhecimento da identidade, da subjetividade e da personalidade jurídica das crianças e dos adolescentes, o que representa um grande avanço já que se aproxima da referida concepção de universalidade do princípio da dignidade humana, sem perder de vista a necessária singularização de direitos em face das particularidades de demandas de determinados grupos. O reconhecimento de que o ser humano é sujeito de direito internacional, isto é, o reconhecimento da personalidade jurídica do ser humano no plano internacional, revela uma perspectiva emancipatória do próprio Direito Internacional.

A ideia de direito subjetivo individual tem origem jusnaturalista e nasce nos séculos XVII e XVIII, tornando-se objeto de estudos e de criação doutrinária durante o século XIX, sendo fortemente marcada pelo direito público interno e pelo positivismo jurídico. Apesar das distorções, em especial em relação à vinculação da proteção dos indivíduos ao Estado e à positivação de direitos, é inegável a importância destas reflexões para a consolidação das bases de compreensão do indivíduo como titular de direitos humanos, e, posteriormente, como sujeito de direitos.

Até meados do século XX, prevalecia a concepção de que apenas os Estados eram sujeitos de direito internacional, sendo os indivíduos apenas objetos do ordenamento jurídico, ou seja, a personalidade jurídica do ser humano limitava-se ao arbítrio do poder estatal e às amarras do positivismo jurídico. A expansão do ordenamento jurídico internacional reconhecendo os indivíduos como sujeitos de direito representa um grande progresso em matéria de direitos humanos. O emergir da universalidade dos direitos humanos e sua superioridade em relação ao Estado, bem como sua inerência ao ser humano, proposta pela Declaração Universal de 1948, ampliou a concepção de direito subjetivo das teorias tradicionais.

René Cassin[50], em 1950, descreveu como sujeitos de direito "todas as criaturas humanas", reconhecendo-as como membros de uma sociedade universal, não sendo possível, assim, a negação desta condição por parte do Estado. O indivíduo, portanto, passa a ser visto como sujeito de direito internacional.

A ideia de subjetividade internacional do ser humano propagou-se com maior força no século XX. A personalidade jurídica é a manifestação da dignidade humana e a expressão da aptidão do ser humano à titularidade de direitos, sob uma perspectiva muito mais ampla que a condicionada ao poder estatal.[51]

Ainda que o passar do tempo altere a condição humana (crianças, adolescentes, adultos, idosos), isto, apesar de poder diminuir sua capacidade jurídica – capacidade para o exercício de seus direitos -, não pode jamais subtrair a personalidade jurídica, que é inerente ao ser humano. Personalidade e capacidade jurídica estão relacionadas entre si, porém se distinguem conceitualmente, enquanto uma pode ser limitada, a outra não, já que é inerente ao ser humano. É nesse sentido que se pode afirmar que todo e qualquer ser humano é sujeito de direito, ou seja, apresen-

50 P.N. Drost, Human Rights as Legal Rights, Leyden, Sijthoff, 1965, pp. 223 e 215.

51 TRINDADE, Antônio Augusto Cançado. *El derecho de acceso a la justicia em su amplia dimensión*. Santiago, Chile: RIL Editores, 2008, p. 151.

ta uma personalidade jurídica, independentemente de qualquer circunstância ou, até mesmo, das limitações de sua capacidade jurídica. A criança, portanto, apesar de não gozar de plena capacidade jurídica, não deixa de ser sujeito de direito.[52]

"As crianças são titulares de direito e não somente objetos de proteção", assim dispõe a opinião consultiva número dezessete da Corte Interamericana de Direitos Humanos, que trata da Condição Jurídica e dos Direitos Humanos da Criança[53]. Crianças são sujeitos de direito, adolescentes são sujeitos de direito, todas as pessoas são sujeitos de direito, ou seja, são titulares de direitos humanos, independentemente de sua condição. O princípio da dignidade humana, fundamento dos direitos humanos, é inerente a todos os seres humanos. Criancas e adolescentes são seres humanos constituídos de dignidade humana, titulares de direitos fundamentais e, portanto, sujeitos de direitos.

Os diversos documentos internacionais de salvaguarda e proteção dos direitos de crianças mostram justamente esta ideia de rompimento com antigas conjunturas que desprezavam as crianças, colocando-as em um patamar de objetificação, sendo consideradas, muitas vezes, como posses dos pais, do Estado ou apenas objetos de proteção e não sujeitos. Este rompimento emancipatório da concepção internacional de crianças e adolescentes, que se deu, na prática, através dos já referenciados instrumentos normativos internacionais e todos os debates que os envolvem, revela uma alteração paradigmática importante, afirmando-se nestes textos a autonomia própria das crianças e dos adolescentes enquanto indivíduos dotados de dignidade humana.

---

52 TRINDADE, Antônio Augusto Cançado. *El derecho de acceso a la justicia em su amplia dimensión*. Santiago, Chile: RIL Editores, 2008, pp. 127-128.

53 Disponível em: http://www.corteidh.or.cr/docs/opiniones/seriea_17_esp.pdf.

Assim, no plano internacional, a criança passa a ser tratada como verdadeiro sujeito de direitos, com identidade e personalidade próprias, distinguindo-as da imagem parental ou estatal. Independentemente das limitações de capacidade jurídica e das condições do ser humano de qualquer ordem, todos os seres humanos, enquanto fins em si mesmos, são dotados de dignidade e devem ter sua subjetividade reconhecida e respeitada, inclusive as crianças e os adolescentes.

A simples afirmação das crianças como sujeitos de direitos, ou a positivação deste postulado nos mais diversos instrumentos normativos internacionais, não significa que elas de fato o sejam, é preciso que isso seja uma realidade. Daí a importância da educação e da conscientização da criança como titular de direitos. A não capacidade plena das crianças para exercer seus direitos, tendo, muitas vezes, que atuar por intermédio de outras pessoas, não lhes retira a condição de sujeitos de direito, livres para criar e desenvolver o próprio projeto de vida.

O art. 12 da Convenção das Nações Unidas sobre os Direitos da Criança, por exemplo, estabelece o dever dos Estados partes em assegurar o direito da criança de formular seus próprios pontos de vistas, expressando livremente suas opiniões, que devem ser apreciadas em função da idade e da maturidade da criança; além de prever, também, o direito da criança de ser ouvida em processo judicial ou administrativo. Este artigo da Convenção é retrato deste processo de reconhecimento da criança e do adolescente como sujeitos de direitos, sob uma perspectiva emancipatória em relação ao poder estatal e familiar, considerando-os como seres autônomos.

Isto revela o quanto a noção de subjetividade jurídica internacional foi ampliada nos últimos anos, abarcando crianças e adolescentes em seu conceito e distinguindo a capacidade da personalidade jurídica. A criança pode, inclusive, reivindicar no plano internacional seus direitos através de petição individual às instâncias internacionais de proteção, como ocorreu no caso, por exemplo dos "*Niños de la calle*"[54], perante a Corte Interamericana de Direitos Humanos.

Os avanços advindos desta proteção assegurada pelos organismos internacionais de proteção e promoção dos direitos humanos em relação às crianças e aos adolescentes, em especial a partir de seu reconhecimento como sujeitos de direitos, não pode ofuscar a visão para a realidade. A realidade ainda se mostra cruel para milhares de crianças e adolescentes que vivem um quadro de total violação de seus direitos, seja no âmbito doméstico - sendo abusadas e violentadas em suas casas -, seja no âmbito público, havendo omissões e falhas nas políticas internacionais e nacionais de atendimento da criança e do adolescente.

É nesse sentido que se faz mister o destaque do caráter *erga omnes* das obrigações de proteção dos direitos da criança e do adolescente. A referida Opinião Consultiva da Corte Interamericana sobre a Condição Jurídica e os Direitos Humanos da Criança, nesse sentido, afirma o dever geral dos Estados parte em garantir o bem, organizando o poder público com o fim de assegurar às pessoas, sob suas respectivas jurisdições, o livre e pleno exercício dos direitos convencionalmente protegidos.

Sendo assim, a cristalização do direito a ter direitos, ou seja, da personalidade jurídica no plano internacional de todo e qualquer ser humano, reconhecendo-se sua subjetividade, em especial das crianças, representa um avanço significativo dos direitos humanos no Direito Internacional e fomenta uma visão holística e ampla dos direitos humanos. Como afirma a Declaração dos

54 Disponível em: http://www.corteidh.or.cr/docs/casos/articulos/seriec_63_esp.pdf.

Direitos da Criança de 1959 em seu preâmbulo, "a humanidade deve à criança o melhor de seus esforços".

2.3. O reconhecimento da subjetividade jurídica de crianças e adolescentes no Brasil

Na esteira das conquistas de direitos humanos, em especial no que diz respeito ao reconhecimento de crianças e adolescentes como sujeitos de direitos no plano internacional, o Brasil, acompanhando os debates e a mobilização internacional em favor da criação e da aprovação da Convenção dos Direitos da Criança de 1989 – que aconteceu de forma simultânea à elaboração da Constituição Federal de 1988–, adotou o novo paradigma do Direito da Criança e do Adolescente, o da proteção integral, reconhecendo a titularidade de direitos fundamentais próprios de crianças e adolescentes na Constituição Federal de 1988 e aprovando um Estatuto próprio.

O reconhecimento da titularidade de direitos fundamentais de crianças e adolescentes no Brasil representa um marco de superação histórico-cultural do tratamento a crianças e adolescentes. No decorrer da história do Brasil, as crianças foram consideradas posses paternas, posses estatais, objetos de filantropia, objetos de caridade, objetos de políticas de segregação, objetos de intervenção estatal, perigosas quando pobres, problemas sociais, entre outros. O reconhecimento, por fim, de crianças e adolescentes como sujeitos de direitos renova a história da infância e do Direito da Criança e do Adolescente no Brasil, representando uma grande conquista de direitos humanos.

O reconhecimento de crianças e adolescentes como sujeitos de direito no Brasil, sob uma perspectiva de emancipação cidadã, não seria possível se não fosse a ruptura paradigmática com categorias discriminatórias da teoria da situação irregular, como "menor", "abandonado", "carente", "infrator", entre outras adjetivações que os afastavam cada vez mais do reconhecimento de sua subjetividade. [55] O abandono de conceitos estruturantes da doutrina da situação irregular é determinante para a busca pela igualdade e pelo reconhecimento da dignidade humana de todas as crianças e de todos os adolescentes, em especial os que mais sofreram – e ainda sofrem – discriminações, os mais pobres.

O Estatuto da Criança e do Adolescente, transcendendo as diretrizes e disposições normativas constantes no texto da referida Convenção Internacional, consolida um projeto cidadão, concretizando um sistema democrático representativo e valorizando o protagonismo infanto-juvenil, através de um sistema de garantia de direitos. Este reconhecimento das crianças como sujeitos livres e autônomos, titulares de direitos fundamentais próprios, não se encerra no texto normativo do ECA. Na verdade, a consolidação da concepção de crianças e adolescentes como sujeitos de direitos deve estar em constante aperfeiçoamento, uma vez que a cidadania não é estática, mas antes um processo dinâmico.[56]

Apesar do reconhecimento formal e institucional da subjetividade jurídica, ainda existem milhares de crianças e adolescentes que vivem um quadro de exclusão, sendo, de fato, consideradas como não sujeitos, vivendo à sombra de estigmas discriminatórios e da invisibilidade, como é o caso daqueles que vivem em situação de rua. É nesse sentido que é importante destacar,

55 SANTOS. Benedito Rodrigues dos. 18 anos de ECA: a inclusão de crianças e adolescentes no estado de direitos brasileiro. Brasília: Inclusão Social, v.2, n. 2, abr./set 2007, p. 152-154.

56 SANTOS. Benedito Rodrigues dos. 18 anos de ECA: a inclusão de crianças e adolescentes no estado de direitos brasileiro. Brasília: Inclusão Social, v.2, n. 2, abr./set 2007, p. 152-154.

como bem afirma Cançado Trindade, que não basta a afirmação positivada de que a criança é um sujeito de direito, mas sim que ela de fato o seja.[57] Esta é a luta pela promoção dos direitos de crianças e adolescentes.

Ainda há um grande distanciamento entre o reconhecimento normativo da subjetividade jurídica e a realidade. Ainda há muitas desconstruções e construções necessárias para que haja esta compatibilidade entre o discurso e a realidade. Em que pese as conquistas normativas e políticas de direitos humanos da criança e do adolescente, ainda há milhares de crianças vítimas de violações graves de direitos humanos, vítimas de representações sociais discriminatórias que as impedem de emancipar-se e de reconhecer-se, de fato, como sujeitos de direito.

57 TRINDADE, Antônio Augusto Cançado. *El derecho de acceso a la justicia em su amplia dimensión*. Santiago, Chile: RIL Editores, 2008, p. 154.

Capítulo 3. O Clamor de Crianças e Adolescentes em Situação de Rua

Crianças e adolescentes em situação de rua são um grupo social de excluídos que se encontram em um processo de violação de direitos constante e reiterada. São espoliados da sociedade, calados por um sistema político que os torna invisíveis, inseridos em um processo de exclusão social e de marginalização, manchados por um paradigma discriminador que os rotula como criminosos, reféns de uma concepção moderna de sujeira e limpeza, vistos como sobrantes ou simplesmente não vistos.

A cruel realidade vivenciada por milhares de crianças e adolescentes em todo o mundo, especialmente no Brasil, trata de um quadro de violências, ou melhor, um ciclo de violações de direitos que culmina na situação de rua. Todas essas violências e violações que envolvem a situação de rua, na qual se encontram crianças e adolescentes, geram demandas, geram clamores, geram reivindicações por reconhecimento de direitos, por igualdade, por dignidade.

O clamor das crianças e dos adolescentes em situação de rua não se trata de um barulho inócuo, mas sim de um grito por socorro, um grito por reconhecimento de direitos, um pedido de ajuda. Trata-se do grito dos espoliados e excluídos da sociedade. O clamor de crianças e adolescentes em situação de rua, ainda que seja um clamor silencioso (e não silenciado) – que muitas vezes pode se dar com o pedido de uma moedinha para lanchar ou para pagar um traficante, ou até mesmo com o simples dormir em um pedaço de papelão sobre o chão de uma rodoviária, por exemplo – , revelando uma situação explícita de violação de direitos, é um pedido de socorro, um pedido por reconhecimento de sua subjetividade e de sua titularidade de direitos. A simples vivência explícita, à vista de toda a sociedade, de uma violação grave de direitos humanos denuncia a prática excludente e opressora do Estado e da sociedade e clama por dignidade.

A este clamor, silencioso ou organizado politicamente, muitas vezes, a sociedade responde com um silêncio ensurdecedor e torturante, levando milhares de crianças e adolescentes a permanecerem inseridos neste ciclo vicioso de violações de direitos que, na maioria dos casos, leva à condenação de suas vidas à morte. O surgimento de movimentos sociais é uma resposta ao descaso social e estatal em relação à existência de determinados grupos sociais de excluídos. Trata-se de práticas que denunciam violações, opressões e discriminações e enunciam direitos.

Com a situação escancarada de negação da dignidade humana de crianças e adolescentes pobres, consideradas delinquentes e perigosos à sociedade, surge, então, na década de 80, um sujeito coletivo, organizado politicamente, o Movimento Nacional de Meninos e Meninas de Rua, que buscou dar voz ao clamor de crianças e adolescentes que viviam em situação de rua, denunciando opressões do Estado e da sociedade e enunciando direitos, numa dinâmica emancipatória de sujeitos, na qual as próprias crianças e os próprios adolescentes foram os maiores protagonistas. Na esteira das conquistas normativas e do reconhecimento internacional da subjetividade jurídica de crianças e adolescentes, este sujeito coletivo foi ator importante para o reconhecimento da subjetividade jurídica nacional de crianças e adolescentes e sua titularidade de direitos fundamentais.

Por intermédio da atuação do Movimento, que reuniu crianças e adolescentes pobres e marginalizadas de todo o Brasil, é que foi adicionado ao texto da Constituição de 1988 o art. 227 – que reconhece normativamente crianças e adolescentes como titulares de direitos –, e que foi promulgada a Lei 8.069/1990 (Estatuto da Criança e do Adolescente) – que reconhece a subjetividade jurídica de crianças e adolescentes, prevendo direitos e um sistema de garantias de direitos, à luz de importantes princípios balizadores, como a dignidade, a prioridade absoluta de atendimento, o interesse superior da criança, a universalidade, entre outros.

Importa dar destaque ao princípio da universalidade dos direitos humanos, em especial, das crianças e dos adolescentes. A universalidade como princípio dos direitos humanos, como já mencionado, surge nas primeiras concepções sobre direitos dos homens, a jusnaturalista, segundo a qual o direito é inerente a toda e qualquer pessoa pelo simples fato de ser humana. A universalidade é um dos aspectos considerados próprios dos direitos humanos, no sentido de alcançar a toda e qualquer pessoa pela simples condição de sua natureza humana.

Contudo, há inclusões que excluem e talvez seja esta a consequência da tentativa do legislador de conferir tratamento igualitário a todas as crianças e adolescentes de forma universal. A armadilha do princípio da universalidade é o risco da não contemplação das peculiaridades de determinados grupos sociais, como é o caso de criança e adolescentes em situação de rua.

A Constituição Federal e o Estatuto da Criança e do Adolescente preveem direitos fundamentais e um sistema de garantia de direitos para todas as crianças e todos os adolescentes sem qualquer diferenciação, primando pelo princípio da universalidade dos direitos humanos, não referenciando em nenhum instrumento legislativo a problemática da situação de rua. A igualdade, de fato, deve ser buscada, mas o tratamento dos direitos humanos enquanto universais pode acabar alimentando ainda mais a exclusão de crianças e adolescentes em situação de rua, uma vez que não contempla suas necessidades peculiares de atendimento e de promoção de direitos.

Por esta razão é que o princípio da universalidade deve ser reinterpretado sob uma nova ótica pluralista, no sentido de reconhecer que a diversidade cultural o enriquece, para que não seja invocado para justificar negações de direitos, mas antes para enunciá-los. Considerar a importância da diferença é fundamental para uma concepção mais completa e plural do princípio da universalidade dos direitos humanos, acompanhando a diversidade da sociedade.

Nesse sentido, a igualdade emerge junto com a diferença, ou seja, a luta pelos direitos humanos deve estar apta a buscar a igualdade, conferindo tutela particular àqueles que apresentam alguma vulnerabilidade própria, alguma diferença explícita. Trata-se de uma tensão produtiva, sob uma perspectiva dialética[58]. A diferença e a igualdade, a exclusão e a inclusão, em um processo dialético de construção dos direitos fundamentais. É preciso, portanto, que as diferenças sejam levadas em conta para que se busque a igualdade entre crianças e adolescentes. Muitas vezes, porém, o princípio da universalidade serve como venda à necessidade de uma tensão dialética para a ascensão de direitos fundamentais e à realidade de exclusão social, tornando-a ainda maior.

Frequentemente, é possível perceber que as peculiaridades de determinados grupos ou sujeitos coletivos não são contempladas pelo ordenamento jurídico, sendo inobservados os princípios da igualdade ou da dignidade humana para todos, revelando, com isso, uma realidade de negação de direitos e da subjetividade. Aliás, crianças e adolescentes em situação de rua vivem um

---

58 NETTO, Menelick de Carvalho; SCOTTI, Guilherme. Os Direitos Fundamentais e a (In)Certeza do Direito. A Produtividade das Tensões Principiológicas e a Superação do Sistema de Regras. Belo Horizonte: Editora Fórum, 2011, p. 17.

quadro de total ausência de dignidade; são privados das necessidades mais básicas do ser humano e das atenções mais fundamentais para que cresçam e se desenvolvam de maneira plena.

O princípio da dignidade humana deve passar pelo direito ao reconhecimento da diferença como condição para a desconstrução de representações sociais negadoras de direitos em relação a crianças e adolescentes, em especial as que se encontram em situação de rua.[59] Nesse sentido, reconhecer a condição de diferença de crianças e adolescentes em situação de rua e seu quadro de exclusão, mesmo diante de normativas universalizantes que deveriam alcançá-las, é de extrema importância para que se busque, de fato, mudanças paradigmáticas de construções sociais discriminatórias e para que haja o reconhecimento, não apenas normativo, da subjetividade jurídica e coletiva de crianças e adolescentes em situação de rua.

É nesse sentido que deve ser pensada a luta por direitos humanos de crianças e adolescentes em situação de rua, para além das normas universalizantes, sem, contudo, elidir sua importância enquanto conquistas da sociedade civil organizada e enquanto instrumentos legítimos para efetivação de direitos. Estas normas positivadas tanto internacional quanto nacionalmente são muito importantes no sentido de ratificar o reconhecimento estatal da subjetividade jurídica de todas as crianças e de todos os adolescentes, rompendo com o paradigma discriminatório da situação irregular e instaurando uma nova perspectiva do Direito da Criança e do Adolescente. Entretanto, a perspectiva positivista do direito é muito limitada, uma vez que não basta a normatização para que um direito de fato seja reconhecido.

59 MELO, Eduardo Rezende. Crianças e Adolescentes em situação de rua: Direitos Humanos e Justiça. São Paulo: Malheiros Editores, 2011, p. 43.

O direito não é norma positivada, mas sim uma construção constante que acompanha as diferentes e emergentes demandas da sociedade, principalmente dos grupos de excluídos, que geram a referida tensão dialética produtiva de direitos humanos e fundamentais. O direito não pode ser entendido como algo estático, mas sim dinâmico, que deve ser reconhecido quando legitimamente reivindicado, interpretado e reinterpretado, a fim de contemplar as diferenças e as mais peculiares realidades de determinados grupos da sociedade.

As conquistas normativas, apesar de insuficientes, são extremamente importantes para se afirmar a dignidade humana, em especial, de espoliados, excluídos, marginalizados e discriminados da sociedade, uma vez que se trata de conquistas oriundas justamente da indignação destes, de seu clamor por reconhecimento e por mudanças. Os direitos humanos existem em decorrência deste clamor, desta demanda. Trata-se de uma produção oriunda do clamor e da tensão dialética entre igualdade e diferença, entre inclusão e exclusão.

Assim, o MNMMR atuou buscando o respeito às diferenças e o reconhecimento de crianças e adolescentes como sujeitos de direito. Acerca destas importantes conquistas, construções e reconhecimentos de direitos humanos e fundamentais e da subjetividade jurídica de crianças e adolescentes, tanto internacional quanto nacionalmente, bem como de sua organização política como sujeitos coletivos a partir da década de 80, é que se passam as reflexões deste capítulo.

3.1. Subjetividade de crianças e adolescentes em situação de rua

A dignidade humana como um princípio universal é pressuposto e fundamento da luta em favor dos direitos humanos. O reconhecimento da subjetividade jurídica de todo ser humano, independentemente de quaisquer condições, é extremamente importante para o processo de humanização do Direito, deixando antigas concepções de que as pessoas – ou alguns grupos sociais – são apenas objetos de intervenção estatal.

O reconhecimento de criança e adolescentes como sujeitos de direito instrumentalizado pelo ordenamento jurídico, configura um enorme avanço dos direitos humanos. A concepção tradicional de sujeito de direito apresenta um caráter individualizado, valorizando a autonomia do ser humano e sua emancipação em relação ao Estado. Contudo, esta postura libertária nem sempre é a regra. O reconhecimento da subjetividade jurídica das pessoas pressupõe não apenas uma postura de não intervenção estatal, mas também uma postura ativa da sociedade e do próprio sujeito.

Nesse sentido, a subjetividade jurídica de crianças e adolescentes não se dá pela sua simples declaração no ordenamento jurídico, mas antes exige uma mudança de postura tanto da sociedade quanto do próprio Estado. A subjetividade jurídica não deve ser entendida apenas como sinônimo de individualidade, mas antes sob uma perspectiva dialógica, ou seja, sob um prisma de alteridade, o reconhecimento do outro como sujeito de direitos.

Carbonari[60] considera que atualmente, nos direitos humanos, se vivencia uma crise dos sujeitos de direito: a negação de di-

---

60 CARBONARI. Paulo César. Sujeito de direitos humanos: questões abertas e em construção. In: SILVEIRA, R.M.G. et Al. (Orgs). Educação em direitos humanos: fundamentos teórico-metodológicos. João Pessoa: Editora Universitária, 2007, pp. 169-170.

reitos a determinados indivíduos, produzindo vítimas. Crianças e adolescentes em situação de rua hoje, apesar de estarem contidos no conceito de criança e adolescentes simplesmente, tendo amparo jurídico normativo de seus direitos, encontram-se em um cenário grave de violação de direitos.

A violação a direitos humanos não apenas nega direitos, mas também fere a própria dignidade humana, gerando, assim, uma diminuição ou uma anulação do ser humano. Crianças e adolescentes em situação de rua, enquanto vítimas, ou seja, enquanto sujeitos que têm seus direitos fundamentais violados, têm sua subjetividade negada, impossibilitando a verdadeira vivência do seu ser sujeito de direitos.

Esta realidade de negação da subjetividade, revela-se, muitas vezes, pelos estigmas discriminatórios que desqualificam crianças e adolescentes em situação de rua, traços deixados de antigas concepções que associavam a pobreza à delinquência. Esta negação do ser humano de crianças e adolescentes em situação de rua as põe sob a cruel sombra da invisibilidade, sendo, muitas vezes, desprezados e tidos como não humanos, não sujeitos.

A década de 80 no Brasil, como já mencionado, foi marcada pelas lutas pelo reconhecimento dos direitos de crianças e adolescentes. Esta luta, paradoxalmente, se iniciou com os chamados meninos e meninas de rua. Estes sujeitos que, até os dias atuais, têm sua subjetividade negada, constituíram-se politicamente num movimento nacional organizado, o MNMMR, lutando pelo reconhecimento da subjetividade jurídica de crianças e adolescentes e da autonomia para protagonizarem suas próprias histórias, desvinculando-se das figuras parentais e estatais e desassociando-se das antigas concepções de infância. Foi a partir da luta dos meninos e meninas de rua, em movimento politicamente organizado, que sucederam conquistas normativas através da positivação de uma série de direitos fundamentais a todas as crianças e adolescentes.

Se por um lado o protagonismo dos meninos e meninas de rua resultou em grandes avanços normativos e legais no que se refere à proteção e promoção dos direitos de todas as crianças e de todos os adolescentes, por outro, paradoxalmente, são eles próprios – as crianças e os adolescentes em situação de rua – que hoje vivem um cenário de invisibilidade e negação de sua subjetividade.

3.1.1. Identidade e estigma de crianças e adolescentes em situação de rua

A realidade de negação da subjetividade de crianças e adolescentes em situação de rua, como retrato do quadro de completa violação a direitos humanos, é algo que perdura até os dias atuais. A realidade de crianças e adolescentes perambulando pelas ruas dos grandes centros urbanos, pedindo ajuda, vendendo balinhas, usando drogas, dormindo nas calçadas, é comum, estando à vista de todas as pessoas que caminham pelas cidades.

Mesmo com as grandes e importantes conquistas normativas do Direito da Criança e do Adolescente, que trata de uma especificação dos direitos humanos, as crianças e os adolescentes em situação de rua ainda têm sua subjetividade negada. Além do grande silêncio jurídico e normativo em relação especificamente às crianças e aos adolescentes em situação de rua, estes sofrem, ainda, com representações sociais discriminatórias, frutos de construções sociais que se deram no decorrer dos anos no Brasil, em especial com a consolidação da doutrina da situação irregular, regulatória dos direitos infanto-juvenis antes de 1988.

A associação de crianças pobres como sendo delinquentes ainda persiste, fazendo com que a população, em sua grande maioria, sequer volte o olhar para uma criança que está na rua, ou, ainda, a tema. O desprezo e o preconceito em relação às crianças e aos adolescentes em situação de rua por parte da sociedade os reduzem a uma condição de exclusão e de invisibilidade.

Segundo Bauman[61], a lógica colonialista da pós modernidade considera que para que uma sociedade alcance a ordem, é preciso purificar-se de impurezas, de sujeiras, do estranho, daquilo que é incomum. Ou seja, as pessoas que, de certa forma, contaminam a sociedade com culturas diferenciadas ou até mesmo vivendo nas ruas em situação de extrema miséria, são sujeiras que precisam ser limpadas em nome da ordem.

Como já mencionado, esta foi a mesma lógica que levou às atrocidades do nazismo, com o extermínio de judeus, dos diferentes, com a limpeza da sujeira. Esta ideia encontra-se impregnada em muitas sociedades atualmente, fomentando atitudes preconceituosas, violentas, discriminatórias e excludentes de diversos grupos sociais. A realidade social de pessoas que vivem em situação de rua é marcada por esta concepção pós-moderna de que trata Bauman, além de explicitar uma situação de conceitos pré-concebidos degradantes da dignidade humana, o que reforça uma representação social negativa desta parcela populacional.

As representações sociais, ou seja, a "forma de conhecimento socialmente elaborada e partilhada com um objetivo prático, e que contribui para a construção de uma realidade comum a um conjunto social"[62], são como tipificações de grupos de pessoas, revelando uma construção simbólica social e histórica. As representa-

61 BAUMAN, Zigmunt. O mal-estar da pós-modernidade. Rio de Janeiro: Jorge Zahar, 1998, pp. 13-30.

62 JODELET, D. As representações sociais. Rio de Janeiro: Ed. UERJ, 2001, p. 22.

ções sociais sobre pessoas que vivem em situação de rua enfatizam uma imagem negativa e preconceituosa que gira em torno desta população – imputando-os como vagabundos, preguiçosos, sujos, inúteis, coitados, bandidos, entre outros –, reproduzindo e reforçando uma relação de dominação e influenciando na construção – ou destruição – da identidade dessas pessoas.

Crianças e adolescentes em situação de rua são corriqueiramente associados à criminalidade. Tem-se uma representação social que os rotula, construída a partir de pré-conceitos, consolidados por uma doutrina – da situação irregular - que relacionava crianças e jovens pobres à delinquência. Em especial quanto à representação social sobre crianças e adolescentes em situação de rua, é cristalizada uma discriminação que gera nas crianças uma consciência negativa de si ou uma identidade negativa.[63]

Sob a lente do desprezo daquilo que está fora do lugar do comum e do aceitável socialmente, crianças e adolescentes em situação de rua são vistos como "pivetes, trombadinhas, menores, marginais, bandidos e malandros"[64]. Sob a lente da comiseração, estas crianças e adolescentes que vivem em situação de rua são vistos como "coitadinhos, abandonados e desprotegidos pela sociedade". Estas duas concepções discriminatórias reforçam uma representação social alicerçada em uma história marcada pelas relações de dominação, prejudicando a formação da identidade da criança.

Na esteira desta concepção moderna de limpeza social de que trata Bauman, pode-se associar ao que trata Goffman acerca do estigma. Para ele, a sociedade busca, através de aspectos comuns de determinados grupos de pessoas, categorizar indi-

63 OLIVEIRA, Roberto Cardoso de. Identidade, etnia e estrutura social, São Paulo: Pioneira, 1978, p. 29.

64 LEAL, Maria Lúcia Pinto. No Olho da Rua: na rua nem todos os gatos são negros. Brasília: FACUnB, 1991, p. 19.

víduos, sendo que a primeira impressão que se tem na relação com o outro é essa identidade social, esta preconcepção dada a partir de uma categorização. Quando um indivíduo se depara com o estranho, identificando, na relação com o outro, elementos alheios ao que se espera dele, o reduz a uma "pessoa estragada e diminuída"[65]. A esta redução, associada a uma concepção depreciativa do ser humano, Goffman chama de estigma.

Crianças e adolescentes em situação de rua, enquanto seres que fogem do comum e do esperado para pessoas da mesma faixa etária, ficando longos períodos nas ruas das cidades, dormindo em calçadas, pedindo esmolas, vendendo balinhas, servindo traficantes e, muitas vezes, traficando e fazendo uso de drogas ilícitas, são pessoas extremamente estigmatizadas – tanto no sentido da criminalização, quanto no sentido da comiseração. Anterior à vigência da doutrina da proteção integral no Brasil, a doutrina da situação irregular apenas reforçou este estigma, uma vez que, em geral, não havia distinção de medidas adotadas pelo governo para tratar da questão "irregular" vivida pelos menores, tanto referente às crianças pobres quanto às que haviam cometido algum ato infracional.

Nesse sentido, este preconceito estabelecido, este estigma, esta ideia moderna de que o incomum é descartável e deve ser desprezado, diminuído e, até mesmo, anulado, perpassa pela sociedade brasileira para além do direito positivado, que, atualmente, garante tratamento igual e prioritário a todas as crianças e adolescentes. O estigma, portanto, torna visível[66] o preconceito, a preconcepção, manchada por uma representação social negativa de determinado grupo social, enquanto torna o ser humano invisível. O estigma de

65 GOFFMAN, Erving. Estigma: notas sobre a manipulação da identidade deteriorada. Rio de Janeiro: Zahar, 1982, pp.5-6.

66 GOFFMAN, Erving. Estigma: notas sobre a manipulação da identidade deteriorada. Rio de Janeiro: Zahar, 1982, p. 44.

crianças e adolescentes em situação de rua é visível, enquanto sua dignidade torna-se, muitas vezes, invisível.

O reconhecimento da subjetividade jurídica de crianças e adolescentes em situação de rua ultrapassa a questão jurídica meramente formal, importando ser analisada sob uma perspectiva holística. As concepções de sujeito de direito tratam da subjetividade da pessoa humana no âmbito jurídico. Contudo, uma abordagem social das subjetividades/identidades se faz necessária na medida em que reflete diretamente na efetivação ou não destes direitos, no ser sujeito ou não, transcendendo, assim, a noção positivista do sujeito.

A subjetividade dos seres humanos é um construto histórico-social, sendo assim também no que concerne ao sujeito de direito. No caso dos estigmatizados em situação de rua, a insuficiência da positivação normativa universal de direitos torna-se evidente, já que, ainda que considerados sujeitos de direito pela norma posta, seguem carregando o estigma construído e, muitas vezes, reforçado, pela sociedade e pelo Estado.

3.1.2. A crise do sujeito de direito e a situação de rua

A ideia globalista e/ou internacionalizada de direitos humanos assume como sujeitos de direitos toda pessoa pela simples condição de ser humana.[67] Ou seja, todos os indivíduos, por serem humanos e, consequentemente, dotados de dignidade humana, são também sujeitos de direitos humanos.

67 KOERNER, Andrei. Ordem política e sujeito de direito no debate sobre direitos humano. Niterói: Lua Nova, nº57, 2002, p. 94.

Esta concepção fundada na noção de indivíduo, que emergiu na modernidade, segundo Carbonari, encontra-se em crise.[68] Todavia, destaca-se que esta crise não se trata de um caminho para o extermínio da ideia de sujeito de direito, mas sim de uma crise produtiva, já que apta a apresentar possibilidades de construção de uma nova concepção de subjetividade.

Apesar de o ordenamento jurídico internacional sobre direitos humanos conceber sujeitos de direitos como todo ser humano de maneira universal, na prática, não é o que acontece. Diversos grupos sociais vivem uma situação de exclusão, discriminação e invisibilidade, revelando um quadro de violações de direitos. As violações de direitos humanos geram vítimas, isto é, pessoas cujos direitos são subtraídos ou negados. Ou seja, seres humanos e, portanto, seres de dignidade e de direitos, tendo negados seus direitos de forma total ou parcial, são considerados vítimas. Esta vitimização, ou seja, esta negação que revela uma violação de direitos, é inviabilizadora do ser sujeito.

Inserida neste contexto de crise da subjetividade, encontra-se sua própria concepção como sinônimo de individualidade, primando pela independência estatal e institucional. Contudo, é importante a compreensão do ser humano em sua dimensão subjetiva de relação, ou seja, de alteridade.

O referido direito à diferença, isto é, a singularização dos direitos humanos - revelando-se aparentemente como paradoxo do princípio da universalidade, mas na verdade sendo um complemento, na medida em que o torna mais alcançável ao se buscar a contemplação de uma multiplicidade de sujeitos –visa a

68 CARBONARI. Paulo César. Sujeito de direitos humanos: questões abertas e em construção. In: SILVEIRA, R.M.G. et. Al. (Orgs). Educação em direitos humanos: fundamentos teórico-metodológicos. João Pessoa: Editora Universitária, 2007, pp. 169-170.

superar a indiferença[69], que se dá em razão de uma equivocada generalização que pode acabar sendo invocada para justificar o princípio da universalidade.

Esta diferenciação, ou singularização, dos direitos humanos, busca contemplar a diversidade e as peculiaridades de grupos sociais que vivem uma realidade de violação de direitos humanos. A superação da indiferença, portanto, é conduzida à lógica da alteridade como forma de construir o ser humano de forma mais humana, e não fechada em si mesmo tornando-o incapaz de reconhecer o outro também como sujeito, a partir de um estigma preconcebido. Essa dialógica necessária apreende a subjetividade individualizada em uma espécie de intersubjetividade.

Nesse sentido, Carbonari entende que os sujeitos de direitos nascem da relação com o outro, ou seja, a subjetividade jurídica do ser humano deve ser compreendida sob uma perspectiva de alteridade. A partir desta perspectiva, entende-se que a autonomia e a liberdade próprias do reconhecimento da subjetividade jurídica dos indivíduos, constituem-se, na verdade, na relação com o outro.

Portanto, a construção da subjetividade jurídica se dá na tensão entre a liberdade e a igualdade. Ou seja, se por um lado se entende que o sujeito de direito deve ser reconhecido em sua individualidade, por outro, é importante que tal subjetividade sirva para aproximar-se da igualdade, através de um processo de singularização dos direitos humanos como expressão do princípio da universalidade.

Este aparente paradoxo entre liberdade e igualdade, universalidade e singularização, individualidade e alteridade, compõem, na verdade, uma tensão produtiva, na medida em que di-

69 CARBONARI. Paulo César. Sujeito de direitos humanos: questões abertas e em construção. In: SILVEIRA, R.M.G. et. Al. (Orgs). Educação em direitos humanos: fundamentos teórico-metodológicos. João Pessoa: Editora Universitária, 2007, p. 174.

namiza o processo de reconhecimento da subjetividade jurídica do ser humano em sua dimensão plural.

A crise do sujeito de direito encontra-se na concepção individualista de sujeitos de direitos e na formação de vítimas, resultante de violações de direitos – que são práticas negadoras da subjetividade e, portanto, inviabilizadoras do ser sujeito de direitos. O direito à diferença e a importância da relação com o outro como expressões do reconhecimento da subjetividade jurídica seriam alternativas à superação desta crise, já que, com isso, são reconhecidas também a diversidade e a pluralidade de sujeitos.

Para Noleto[70], a questão da titularidade de direitos, que caracteriza o sujeito de direitos, não pode ser concebida sob uma perspectiva abstrata e formal. Ou seja, a titularidade de direitos humanos e fundamentais não viabiliza sua efetivação para todas as pessoas em igualdade de condições. A promessa constitucional, portanto, reduz-se em discurso quando não contempla a pluralidade encontrada nas ruas, nos espaços públicos – paradoxalmente, local onde nascem os direitos, a partir do clamor dos espoliados e estigmatizados, e onde estes mesmos direitos são evidentemente violados.

Cançado Trindade afirma que "a pobreza crítica ou extrema constitui, com efeito, a ilustração das mais enfáticas da denegação da totalidade dos direitos humanos"[71]. Milhares de crianças e adolescentes, especialmente no Brasil, vivem em situação de rua. O abandono ou até mesmo a opção de crianças e adolescentes por viver nas ruas os colocam num patamar de absoluta violação de di-

70 NOLETO, Mauro Almeida. Subjetividade Jurídica: a titularidade de direitos em perspectiva emancipatória. Porto Alegre: Sergio Fabris, 1998.

71 ALVES, José Augusto Lindgren. Os Direitos Humanos como tema global. São Paulo: Perspectiva, 2003, p. XXXI.

reitos humanos, uma vez que se vive um quadro de miséria extrema e de sujeição às mais diversas formas de violações de direitos.

Ademais, a situação de rua muitas vezes é precedida de outras violações de direitos fundamentais no âmbito doméstico, culminando no abandono de crianças e adolescentes de suas casas. Ou seja, a situação de rua revela-se como um ciclo de reiteradas violações a direitos humanos e fundamentais de crianças e adolescentes, na contramão de todo o ordenamento jurídico que as reconhece como titulares de direitos humanos.

Sendo assim, a clara e explícita situação de violação de direitos humanos de crianças e adolescentes em situação de rua, vivida à vista de toda a sociedade nos grandes centros urbanos brasileiros, revela justamente a referida crise. O reconhecimento do indivíduo, no caso crianças e adolescentes, como sujeitos de direitos, acaba tornando-se inviável em razão da negação de sua condição de ser humano presumida da violação de seus direitos humanos.

A perspectiva emancipatória do reconhecimento da subjetividade jurídica de crianças e adolescentes não se encerra com a simples afirmação de sua condição de ser humano, titular de direitos fundamentais. Esta perspectiva emancipatória deve ser apta a romper com paradigmas discriminatórios que consideram crianças pobres como delinquentes, herança da antiga doutrina da situação irregular.

Portanto, o verdadeiro – e não apenas positivado em lei – reconhecimento da criança e do adolescente em situação de rua como sujeitos de direitos deve passar necessariamente pela superação da condição de violação de direitos humanos na qual vivem. É nesse sentido que deve haver um esforço por parte da sociedade e do Estado para se romper com antigos paradigmas do Direito do Menor que associavam a pobreza à delinquência, criminalizando a infância pobre e, com isso, construindo um estigma e rotulando negativamente crianças e adolescentes em situação de rua sob uma perspectiva negatória de sua identidade.

Vistas como objetos de intervenção estatal – na maioria dos casos de forma segregativa –, os considerados "menores" eram desprezados, tendo negada não apenas sua subjetividade jurídica, mas sua própria humanidade e, consequentemente, sua dignidade humana. O rompimento com este paradigma através da consagração da teoria da proteção integral nos dois grandes marcos legais, a Constituição Federal e o ECA, se deu de forma positivada.

A realidade ainda vigente de exclusão e vitimização de crianças e adolescentes em situação de rua revela a insuficiência da positivação e da luta pelo reconhecimento da subjetividade jurídica sob uma perspectiva meramente libertária em relação ao Estado. A perspectiva emancipatória do reconhecimento de crianças e adolescentes enquanto sujeitos de direitos não pode se limitar ao seu reconhecimento como seres autônomos e dotados de capacidade de projetar a própria vida livres da interferência estatal.

Trata-se da referida tensão produtiva entre a liberdade e a igualdade, ora será necessária a abstenção do Estado, reconhecendo e respeitando a liberdade e a autonomia dos sujeitos, ora sua ação positiva, a fim de buscar a garantia e a efetivação dos direitos mais fundamentais, os quais se encontram completamente violados com a situação de rua.

Crianças e adolescentes em situação de rua têm violados seus direitos mais básicos, como o da vida digna, o da moradia, o da alimentação, o da convivência familiar, o da educação, o da vedação ao trabalho infantil, o da saúde, entre tantos outros. Esta violação revela uma verdadeira denegação de direitos humanos, e, com isso, a denegação da própria subjetividade jurídica e, consequentemente, o não reconhecimento de sua dignidade e sequer de sua humanidade. São, portanto, consideradas vítimas.[72]

Daí a importância da perspectiva emancipatória da luta pelo reconhecimento da subjetividade. Para que o indivíduo se torne sujeito, é preciso que, antes, seja livre e oponha-se à lógica de dominação social.[73] Contestando-se a referida lógica da ordem, da limpeza social, buscando denunciar violações e enunciar direitos, é que surgem os sujeitos coletivos, os movimentos sociais.

3.1.3 Sujeitos coletivos e o Movimento Nacional de Meninos e Meninas de Rua no Brasil

O reconhecimento da subjetividade jurídica dos indivíduos, considerando a pluralidade, a diversidade e a singularidade de cada sujeito, faz-se extremamente necessária para que se alcance a igualdade, um dos princípios basilares da dignidade humana e pressuposto dos direitos humanos. Além da subjetividade individual, importa destacar as intersubjetividades, como trata Carbonari. Para o autor, a intersubjetividade comunitária é o caracteriza os movimentos sociais, ou seja, "é a dimensão organizativa e organizada da subjetividade que luta para superar a situação de vitimização"[74].

72 "Vítimas são aquelas pessoas humanas que sofrem qualquer tipo de apequenamento ou de negação de seu ser humano, de seu ser ético. Em termos éticofilosóficos, vítima é aquele ser que está numa situação na qual é inviabilizada a possibilidade de produção e reprodução de sua vida material, de sua corporeidade, de sua identidade cultural e social, de sua participação política e de sua expressão como pessoa, enfim, da vivência de seu ser sujeito de direitos" (CARBONARI. Paulo César. Sujeito de direitos humanos: questões abertas e em construção. In: SILVEIRA, R.M.G. et. Al. (Orgs). Educação em direitos humanos: fundamentos teórico-metodológicos. João Pessoa: Editora Universitária, 2007, p. 170)

73 TOURAINE, Alain. Crítica da Modernidade. Lisboa: Instituto Piaget, 1994, p. 277.

74 CARBONARI, Paulo César. A formação do sujeito de direitos humanos pela educação: bases éticofilosóficas da educação em direitos humanos, em Conjectura: Filos. Educ, Caxias do Sul, v. 20, n. especial, 2015, p. 14-38.

As subjetividades individuais e coletivas ou comunitárias não se excluem, mas, pelo contrário, se complementam. Do conjunto de sujeitos singulares que se assemelham no tocante às necessidades, à cultura, entre outros, e que identificam nessas similaridades questões que os colocam como vítimas ou invisíveis perante a sociedade, é que surge uma comunidade, ou seja, um grupo de pessoas que se organizam e formam um sujeito coletivo.

Os sujeitos coletivos, portanto, buscam lutar contra preconceitos sofridos e a favor do reconhecimento de seus direitos, em resgate à sua dignidade humana. Ou seja, são sujeitos que se organizam politicamente para, num processo de emancipação e libertação, denunciarem violações e enunciarem direitos, com o fim de tê-los reconhecidos pelo Estado.

Considerando a perspectiva de Lyra Filho[75] e de Sousa Junior[76] sobre o Direito – o Direito Achado na Rua – tem-se que este não surge da livre vontade do legislador, mas sim é concebido a partir de um processo histórico de libertação. Ou seja, o direito nasce na rua, espaço público de enunciação de direitos, a partir do clamor dos excluídos e oprimidos fundado em uma tensão social produtiva entre as violações e as reivindicações de grupos sociais de espoliados.

A titularidade de direitos, portanto, reveste-se de um caráter transcendente à singularidade dos indivíduos, mas surge a partir de um clamor coletivo que denuncia violações e enuncia direitos, os movimentos sociais. Isso não quer dizer que as diferenças são ignoradas. Pelo contrário, os movimentos sociais revelam os clamores das minorias, daqueles oprimidos e estigma-

---

75 ARAUJO, Doreodó (Org). Desordem e Processo – Estudos Jurídicos em Homenagem a Roberto Lyra Filho. Porto Alegre: Sergio Antonio Fabris Editor, 1986.

76 SOUSA JUNIOR, José Geraldo de. O Direito Achado na Rua: Concepção e Prática. Rio de Janeiro: Editora Lumen Juris, 2015.

tizados, colocando em evidência as questões mais fundamentais para a garantia de uma vida digna.

Os movimentos sociais, portanto, surgem a partir de algum conflito social – quando segmentos da sociedade identificam violação comum, que fere sua dignidade, passando a buscar, de forma organizada, o reconhecimento de seus direitos pelo Estado. Trata-se de movimentos em defesa de direitos relacionados à dignidade e à subjetividade do ser humano. Assim, pode-se afirmar que a identidade, ou a subjetividade, dos sujeitos não é exclusivamente individual, mas apresenta uma importante dimensão coletiva.

Marilena Chauí[77] trata da cidadania ativa, relacionando-a aos movimentos sociais. Para a autora, os próprios sujeitos são os criadores de direitos, são eles próprios quem instituem seus direitos e, de maneira coletiva, exigem que sejam declarados formalmente. Este é o princípio da teoria crítica do direito, que faz crítica veemente ao positivismo jurídico, afirmando que o direito nasce na rua, nos espaços públicos, a partir do clamor dos espoliados, devendo ser reconhecidos e declarados pelo Estado; em contraposição à concepção positivista do direito, segundo a qual o direito nasce de sua positivação, ou seja, a partir da letra da lei.

De fato, não há falar em inutilidade da norma positivada. Pelo contrário, a lei representa esta declaração e este reconhecimento, objeto das lutas dos sujeitos coletivos em defesa dos seus direitos já nascidos, já originados. Daí a importância do exercício ativo da cidadania dos movimentos sociais. Este movimento por reconhecimento de direitos não é algo que se encerra com a positivação da norma, uma vez que a sociedade é dinâmica, devendo o Direito, portanto, também ser dinâmico.

77 CHAUÍ, Marilena. Sociedade, Estado, OAB in XIII Conferência Nacional da OAB, Conselho Federal da OAB. Belo Horizonte: Anais, 1990.

É nesse sentido que Bernardino Costa[78] afirma que a complexidade e a pluralidade de sujeitos, inseridos nessa lógica de dinamicidade da sociedade contemporânea, e não de engessamento positivista, exigem um direito aberto, um direito que nasce da própria sociedade nos espaços públicos e não das cátedras dos governantes e legisladores. O direito não é imposto, o direito é achado nas ruas, é gerado em espaço público e deve, portanto, estar aberto à sua dinamicidade e ser reconhecido – declarado -, pelo Estado.

A institucionalização do direito não deve ser confundida com o próprio direito. Esta positivação, muitas vezes, é a maior reivindicação dos movimentos sociais. Porém, não é suficiente, uma vez que a concepção de direito ultrapassa sua positivação, sendo criado a priori pela própria sociedade, a partir de suas necessidades e de seus clamores.

É nesse contexto de construção de direito a partir do conflito, da tensão produtiva, do clamor dos espoliados, da luta pelo reconhecimento de direitos, da organização de grupos da sociedade, que nasce o conceito de sujeito coletivo. Sujeito coletivo é, portanto, um movimento de sujeitos, organizados institucionalmente, que lutam pelo reconhecimento de seus direitos, sob uma perspectiva emancipatória, em defesa da dignidade humana. Trata-se dos movimentos sociais organizados.

Gohn define os anos de 1972 a 1984 como a "era da participação"[79]no Brasil. No contexto de resistência contra a ditadura militar – tempo sombrio marcado por violações e violências, pelo descarte do ser humano e de sua dignidade, pela opres-

78 COSTA, Alexandre Bernardino. Desafios da Teoria do Poder Constituinte no Estado Democrático de Direito. Tese de Doutorado apresentada à Faculdade de Direito da Universidade Federal de Minas Gerais, Belo Horizonte, 2005.

79 GOHN, Maria da Glória. Teorias dos movimentos sociais: paradigmas clássicos e contemporâneos. São Paulo: Loyola, 1997.

são e pela tortura – e de reconstrução de direitos, é que ascendem grandes sujeitos coletivos, os movimentos sociais. Para a autora, esta era pode se dividir em três ciclos, o de lutas pela redemocratização do país e acesso a serviços públicos, o de institucionalização de movimentos e o de emergência de novos atores.

É nesse contexto de insurgência de movimentos sociais e de redemocratização do país que surge o Movimento Nacional de Meninos e Meninas de Rua (MNMMR). O MNMMR nasceu na década de 80 no Brasil, buscando dar voz ao clamor de meninos e meninas de rua no Brasil, que se viam em uma situação de vitimização, de invisibilidade e de exclusão, tendo sua subjetividade negada na medida em que sequer tinham sua dignidade humana respeitada.

3.2. Meninos e meninas de rua como sujeitos coletivos: da subjetividade negada à subjetividade politicamente constituída

A realidade de milhares de crianças e adolescentes no Brasil revela um quadro de violações a direitos humanos, de exclusão social, de estigmatização, de vitimização, de invisibilidade. Essas crianças vivem à sombra de conceitos pré-concebidos que as rotulam, reduzindo-as a expressões denegatórias da identidade e anulando-as a condição de não pessoas.

Este quadro, em dissonância com a atual doutrina que rege o Direito da Criança e do Adolescente no Brasil – a doutrina da proteção integral –, mostra a perpetuação do paradigma da doutrina da situação irregular, que reforçou na sociedade estes preconceitos. Para além da situação de rua, trata-se de crianças e adolescentes que têm o direito de se desenvolverem plenamente. Esta dificuldade de superação social, cultural e comportamental frente ao antigo paradigma discriminador, evidencia que este segue arraigado na sociedade.

Nesse contexto de desprezo da infância pobre, reforçado pela teoria da situação irregular, é que se tem a total negação da subjetividade da criança e do adolescente em situação de rua. Sem direitos protegidos, sendo criminalizada e desprezada, esta população não tinha reconhecida sua subjetividade, mas eram tratados como objetos de políticas e filantropia e responsabilizados pela própria condição de irregularidade.

Acompanhando as discussões internacionais que se deram com o fim da Segunda Guerra, bem como os movimentos de redemocratização no Brasil com o fim da ditadura militar, é que se buscou dar voz aos chamados meninos e meninas de rua. Em 1985, como já mencionado, surge o Movimento Nacional de Meninos e Meninas de Rua (MNMMR).

O MNMMR tinha como um dos principais objetivos a luta pelo reconhecimento de crianças e adolescentes como titulares de direitos fundamentais, ou seja, como sujeitos de direito. Trata-se de movimento de cunho emancipatório. Ou seja, um movimento que buscou ouvir as reivindicações das próprias crianças e adolescentes e reconhecer que são seres humanos constituídos em dignidade humana, capazes de serem protagonistas de suas próprias vidas.

A partir de então, ocorreram alguns Encontros Nacionais de Meninos e Meninas de Rua, onde foram ouvidos, dando os fundamentos para a reforma do Direito da Criança e do Adolescente no Brasil. Passam, assim, da condição de negação de sua subjetividade à condição de sujeitos coletivos politicamente constituídos.

Este movimento culminou, conforme já assinalado, na promulgação do Estatuto da Criança e do Adolescente e no reconhecimento constitucional de direitos fundamentais próprios para criança e adolescentes. Percebe-se, portanto, a importância do

Movimento, do qual as próprias crianças e adolescentes em situação de rua foram protagonistas.

A positivação de direitos e a instauração da doutrina da proteção integral no Brasil representou uma grande conquista do MNMMR, quebrando com o paradigma da doutrina da situação irregular e reconhecendo que todas as crianças e adolescentes, independentemente de classe social e de condições de vida, têm o direito de se desenvolverem plenamente e de terem seus direitos fundamentais assegurados de forma prioritária pela sociedade, pela família e pelo Estado.

No entanto, a positivação de direitos não deve bastar por si só para dar fim às reivindicações do movimento pelo reconhecimento da subjetividade de crianças e adolescentes. É certo que a positivação representa uma grande conquista, mas a efetivação, a verdadeira mudança social e estatal no tratamento conferido a crianças e adolescentes em situação de rua, é o que, de fato, pode alcançar o referido intento. O desafio da luta pelo reconhecimento da subjetividade de crianças e adolescentes em situação de rua é maior que a mera positivação, mas sim uma verdadeira superação social, cultural e histórica de paradigmas e preconceitos consolidados em torno da questão da infância pobre.

Sendo assim, desta breve explanação depreende-se que a criança e o adolescente, em especial aqueles que vivem em situação de rua, passam de uma condição de total negação da subjetividade à condição de subjetividade politicamente constituída, o MNMMR, conquistando o reconhecimento formal da subjetividade jurídica de todas as crianças e os adolescentes com a instauração da nova doutrina da proteção integral.

3.2.1 Principais demandas e conquistas normativas do MNMMR

O Movimento Nacional de Meninos e Meninas de Rua no Brasil não surge simplesmente, mas nasce em um contexto de luta e promoção de direitos humanos, em especial de direitos sociais. Na esfera internacional, como já mencionado, após o fim da Segunda Guerra, diversos movimentos surgiram no sentido de promover os direitos humanos, inclusive a perspectiva do direito das crianças e dos adolescentes. É nesse contexto que a ONU declara em 1979 o Ano Internacional da Criança.

Concomitantemente, no plano nacional, acompanhando as discussões internacionais, bem como os documentos que nasceram nesse contexto, a década de 80 caracterizou-se pela luta contra a ditadura e em favor da redemocratização do país. O tema dos direitos de crianças e adolescentes no Brasil passou a ganhar substância nos espaços acadêmicos, em debates, nas ruas. A situação de crianças, que na época viviam à sombra da doutrina da situação irregular, ganhou visibilidade e passou a ser questionada à luz dos princípios dos direitos humanos.

Nesse contexto, diversos movimentos isolados passaram a atuar em favor dos direitos de crianças e adolescentes, como a Pastoral do Menor, o Movimento em Defesa do Menor e outros projetos e movimentos populares isolados em menor escala. Assim, começou a nascer uma rede de defesa e apoio aos direitos de crianças e adolescente. Educadores, colaboradores, crianças e adolescentes engajados na luta por esses direitos se uniram e fundaram em 1985 o Movimento Nacional de Meninos e Meninas de Rua. Sendo assim, pode-se considerar o MNMMR como maior movimento de referência em relação à defesa dos direitos de crianças e adolescentes.

O MNMMR, portanto, nasceu como uma organização não governamental cujo principal objetivo era a defesa dos direitos de crianças e adolescentes, em especial os meninos e menina de rua.[80] Em 1986, o Movimento realizou o I Encontro Nacional de Meninos e Meninas de Rua, reunindo crianças e adolescentes que representaram todas as regiões do país. Com isso, o MNMMR deu voz às reivindicações de crianças e adolescentes em situação de rua.

Essa perspectiva de emancipação refere-se ao reconhecimento da cidadania de crianças e adolescentes, ou seja, da superação da condição de soberania do Estado ou do adulto em relação à criança. No decorrer da história da infância, percebe-se, com clareza, esta opressão sob a qual viviam, ora sendo vistas como objetos, ora como animais domésticos, como propriedades do pai – *pater familiae* -, propriedades dos adultos, propriedades do Estado, entre outros. O Movimento, portanto, traz uma nova perspectiva cidadã de crianças e adolescentes, reconhecendo sua identidade, sua subjetividade, sua cidadania.[81]

Entre as principais características do MNMMR estão a denúncia e a reivindicação. Isto é, o Movimento tinha um cunho denunciativo de omissões do Estado e de violações a direitos humanos, ao passo que reivindicava pela mudança de paradigma e pelo reconhecimento dos direitos de crianças e adolescentes, através da articulação e organização de eventos, marchas e campanhas. Durante a década de 80 o Movimento foi se firmando e ganhando

80 SANTOS, B.R. MNMMR – uma trajetória de luta e trabalho em defesa da criança e do adolescente no Brasil. São Paulo: MNMMR; UNICEF, 1994, p. 12.

81 SANTOS, Benedito Rodrigues dos. 18 anos de ECA: a inclusão de crianças e adolescentes no estado de direitos brasileiro. Inclusão Social, Brasília, v. 2, n. 2, p. 152 154, abr./set. 2007.

importantes espaços institucionais, como no Congresso Nacional. Com isso, passou a apresentar, também, um caráter propositivo.

Importa destacar a revolução da perspectiva da infância com o protagonismo de crianças e adolescentes em situação de rua. Os meninos e meninas de rua eram os próprios protagonistas do MNMMR, especialmente durante os Encontros Nacionais, nos quais eram ouvidos. Trata-se, de fato, de uma revolução. Numa sociedade onde crianças e adolescentes não tinham voz, muito menos aqueles julgados em situação irregular e estigmatizados pela sociedade, conferir este protagonismo representou uma ruptura de um arquétipo discriminador que silenciava crianças e adolescentes.

Os movimentos sociais são importantes também nesse sentido, na medida em que, a partir do protagonismo social dos sujeitos coletivos, liberta o sujeito individual possibilitando que este protagonize e saia em defesa de seus direitos, que seja ouvido.

A partir dos Encontros Nacionais e da fala de crianças e adolescentes em situação de rua, o MNMMR passa a exercer lobby na Câmara dos Deputados e no Senado Federal, durante o processo de elaboração da Constituição Federal de 1988, em defesa do reconhecimento constitucional dos direitos de crianças e adolescentes no país. O MNMMR, portanto, assumiu relevante papel na conquista dos direitos de crianças e adolescentes, fazendo parte, inclusive, do processo de elaboração do art. 227 da Constituição Federal e do Estatuto da Criança e do Adolescente de 1990.

Conforme já pontuado, a partir das reivindicações do MNMMR, a Constituição Federal de 1988 instaura em seu art. 227 a doutrina da proteção integral do direito de crianças e adolescentes, prevendo sua titularidade de direitos fundamentais próprios e a corresponsabilidade do Estado, da família e da sociedade em garantir esses direitos.

Na sequência, o MNMMR participa também da criação de um Estatuto próprio referente aos direitos de crianças e adolescentes. Nasce em 1990 o Estatuto da Criança e do Adolescente – Lei nº 8.069, de 13 de julho de 1990. O ECA não prevê apenas os direitos fundamentais próprios de crianças e adolescentes, mas também prevê uma vasta rede de atendimento à criança e ao adolescente, com o objetivo de garantir a efetivação desses direitos. A atuação do Movimento foi fundamental para que tais conquistas fossem alcançadas. Graças à atuação do MNMMR, rompeu-se com a antiga e discriminatória doutrina da situação irregular, passando a vigorar a doutrina da proteção integral.

Assim, houve uma verdadeira ruptura com antigos paradigmas no que se refere ao direito posto. O ECA é uma resposta ao clamor de crianças e adolescentes que viviam nas ruas, vítimas de um sistema que as estigmatizava e as associava à criminalidade e à vagabundagem, sem reconhecer sua própria subjetividade. A promulgação do Estatuto da Criança e do Adolescente é um notável resultado da luta contra a menoridade, contra a situação irregular. Crianças e adolescentes deixam a posição de apenas objetos de políticas públicas e de ações filantrópicas, passando a ocupar o espaço de sujeitos de direito; deixam de ser consideradas objetos e passam a ser legalmente reconhecidos como cidadãos.[82]

O ECA restaura, ao menos positivamente, a identidade de crianças e adolescentes enquanto seres humanos, constituídos em dignidade, capazes de protagonizarem a própria vida, sujeitos da própria fala, devendo ser ouvidos, respeitados e protegidos. Esta concepção se deu de forma congruente à uma forma de conscientização internacional que acontecia na época no sentido de promover a ideia de que crianças e adolescentes são o futuro

82 SANTOS, Benedito Rodrigues dos. 18 anos de ECA: a inclusão de crianças e adolescentes no estado de direitos brasileiro. Inclusão Social, Brasília, v. 2, n. 2, p. 152

da nação, e, portanto, devem ter seus direitos assegurados, de modo a garantir, também, o futuro da humanidade.

Apesar de ser cediço que a positivação de direitos não basta para que sejam, de fato, garantidos, a conquista por uma norma positivada, ou seja, pelo reconhecimento formal da reivindicação de movimento social, representa uma verdadeira vitória. Todavia, não se deve perder de vista que, apesar do caráter fundamental de um reconhecimento formal do Estado – neste caso, o reconhecimento de crianças e adolescentes como sujeitos de direito –, não é o suficiente para sua efetivação.

O reconhecimento de direitos não deve ater-se ao mero positivismo jurídico, mas antes, tal quebra paradigmática deve se dar também na cultura da própria sociedade. Romper com antigos arranjos sociais, com representações sociais, com estigmas, trata de uma revolução muito maior que a conquista pela norma. Contudo, não há que se retirar o mérito da conquista da lei, que, de fato, é fundamental para que haja também uma mudança social de paradigma.

Sendo assim, as principais conquistas normativas do Movimento de Meninos e Meninas de Rua foram a promulgação da Constituição Federal de 1988, incluindo o art. 227, e o Estatuto da Criança e do Adolescente, norma que disciplina o direito da criança e do adolescente. Com a luta do Movimento pelo reconhecimento e emancipação subjetiva de crianças e adolescentes, conquistou-se uma verdadeira revolução do Direito da Criança e do Adolescente no Brasil, instaurando-se a doutrina da proteção integral.

3.2.2. Efetivação dos direitos da criança e do adolescente

O Brasil, país reconhecidamente paradoxal[83], "apresenta ao mesmo tempo um dos maiores índices de violações aos direitos da criança e do adolescente e uma das mais espetaculares mobilizações em favor dos direitos da criança e do adolescente da face da terra". O MNMMR foi um movimento com repercussão internacional de defesa dos direitos de crianças e adolescentes e do protagonismo infanto-juvenil, culminando na promulgação do Estatuto da Criança e do Adolescente em 1990.

O ECA prevê, em seu artigo 86 e seguintes, uma política de atendimento à criança e ao adolescente, através da articulação de diversos atores, como o Poder Judiciário, o Ministério Público, a Defensoria Pública, o Conselho Tutelar, os Conselhos municipais e estaduais de Direitos da Criança e do Adolescente, as entidades não governamentais que atuam na promoção, proteção e defesa dos direitos de crianças e adolescentes, entre outros.

Em atenção às disposições do ECA, em 1991 foi criado por lei – Lei nº 8.242, de 12 de outubro de 1991 – o Conselho Nacional dos Direitos de Crianças e Adolescentes (CONANDA), tendo entre seus objetivos "zelar pela aplicação da política nacional de atendimento dos direitos da criança e do adolescente". Nessa esteira, em 2006, o CONANDA aprova a Resolução nº 113 que consolida o Sistema de Garantia dos Direitos da Criança e do Adolescente no Brasil.

O Sistema de Garantia dos Direitos da Criança e do Adolescente nasce como forma de viabilizar a efetivação dos direitos

83 SANTOS, Benedito Rodrigues dos. 18 anos de ECA: a inclusão de crianças e adolescentes no estado de direitos brasileiro. Inclusão Social, Brasília, v. 2, n. 2, p. 152-154, abr./set. 2007.

previstos na Constituição Federal e no Estatuto da Criança e do Adolescente e de evitar que tais normas se tornem letra morta. O Sistema de Garantias atua em três grandes eixos, o da defesa, o da promoção e o do controle para efetivação dos direitos humanos de crianças e adolescentes.

Segundo Santos[84], o sistema de proteção de crianças e adolescentes no Brasil compõe-se de milhares de conselhos de direito, de conselhos tutelares, de defensores públicos, de promotores e juízes da infância e da juventude, de gestores públicos, de inúmeros provedores de serviços e ativistas dos direitos de crianças e adolescentes e, até mesmo, do próprio público infanto-juvenil. Não há que se comparar o aparato institucional de proteção aos direitos de crianças e adolescentes com antigas instituições que sobreviviam sob a teoria da menoridade.

O novo olhar trazido pela proteção integral a crianças e adolescentes consolidado pelo ECA traz um verdadeiro aparato de proteção e efetivação de direitos. Contudo, ainda assim, é perceptível a dificuldade que se apresenta em especial em relação a crianças e adolescentes em situação de rua.

Paradoxalmente, aqueles que foram protagonistas da luta por direitos de crianças e adolescentes no Brasil, ainda são vítimas de estigmas e de graves violações a direitos humanos e, especialmente, vítimas da omissão e do silêncio do Estado e da sociedade. Pouco, ou quase nada, se tem positivado especificamente ao público de crianças e adolescentes em situação de rua. Há quem fale, inclusive, em "silêncio jurídico"[85] em torno do caso de crianças e adolescentes em situação de rua no Brasil.

---

84 SANTOS, Benedito Rodrigues dos. 18 anos de ECA: a inclusão de crianças e adolescentes no estado de direitos brasileiro. Inclusão Social, Brasília, v. 2, n. 2, p. 152-154, abr./set. 2007.

85 MELO, Eduardo Rezende. Crianças e Adolescentes em situação de rua: Direitos Humanos e Justiça. São Paulo: Malheiros Editores, 2011.

A última e única pesquisa nacional sobre crianças e adolescentes em situação de rua[86], realizada em 2010 pelo Instituto Meta em parceria com a Secretaria de Direitos Humanos da Presidência da República e o Instituto de Desenvolvimento Sustentável a época, revelou a presença de cerca de 24 (vinte e quatro) mil crianças e adolescentes vivendo nas ruas de 75 (setenta e cinco) cidades brasileiras. Considerando as fragilidades metodológicas de se realizar uma pesquisa nesse sentido, o número de crianças e adolescentes identificados como vivendo nesta situação de vida é muito alto em face aos ditames do atual aparato jurídico de proteção aos direitos de crianças e adolescentes.

Lamentavelmente, ainda existem milhares de criança e adolescentes brasileiros desassistidos pelas políticas de atendimento previstas pelo ECA. É nesse sentido que se dá o grande paradoxo do Direito da Criança e do Adolescente, em especial relacionado à realidade de crianças e adolescentes em situação de rua no Brasil.

3.2.3. A importância do caráter transitório do sujeito coletivo

Segundo Sousa Júnior[87], a categoria de sujeitos coletivos refere-se a movimentos sociais que buscam dar voz ao clamor dos espoliados e excluídos da sociedade em prol do reconhecimento de seus direitos, nascidos na rua, nos espaços públicos.

Este novo sujeito de direito surge a partir da denúncia de omissões ou violações do Estado contra direitos deste grupo de

86 Fonte: 1º Censo nacional de crianças/adolescentes em situação de rua – 2010/Meta Instituto de Pesquisa.

87 SOUSA JUNIOR, José Geraldo de. Direito como Liberdade. O direito achado na rua. Porto Alegre: Sergio Antonio Fabris Editor, 2011.

excluídos da sociedade. Ou seja, o surgimento de um sujeito coletivo advém de alguma injustiça, desigualdade, omissão ou violação. É nesse sentido que surge o sujeito coletivo em defesa dos direitos de crianças e adolescentes em 1985, o MNMMR.

Este sujeito coletivo nasceu a partir do grito, do clamor, de crianças e adolescentes em situação de rua no Brasil. Desejosos de serem apenas crianças, de terem sua subjetividade jurídica reconhecida, de serem emancipados de concepções que os concebia como propriedades ou objetos, de terem reconhecida sua dignidade humana, reúnem-se em prol da defesa de seus direitos.

Sendo assim, é ideal que o sujeito coletivo tenha caráter transitório e não permanente, ou seja, tenda ao fim. O novo sujeito coletivo surge a partir de injustiças e desigualdades com o objetivo de alcançar o reconhecimento de direitos. Espera-se que este reconhecimento seja alcançado e que o sujeito coletivo apresente um caráter transitório, tendo sua reivindicação plenamente atendida, o que não significa que o sujeito coletivo deve ser uma categoria tendente a abolir-se. Pelo contrário, os sujeitos de direito devem acompanhar a dinamicidade da sociedade e o direito deve ser um espaço sempre aberto, apto a atender as mais novas e emergentes demandas da sociedade.

É nesse sentido que a tendência, na verdade, é pela perpetuação dos sujeitos coletivos, no sentido de engajamento da sociedade em movimentos em defesa de seus direitos, dando voz aos seus clamores e buscando retirar qualquer parcela da população da sombra da invisibilidade e da exclusão.

No caso de crianças e adolescentes em situação de rua, essencialmente, sua maior reivindicação é pelo direito de ser criança apenas, de superar a situação de rua, a situação de invisibilidade, de violação de direitos, de exclusão social. O ideal seria, realmente, que o sujeito coletivo que nasceu em defesa dos direitos de crianças e adolescentes em situação de rua se esgotasse, juntamente com a situação de rua; e que essa população infanto-juvenil superasse a condição da qual se originou seu grito, seu clamor.

Dessa forma é que se dá a importância do caráter transitório de sujeitos de direito coletivos determinados, no sentido de terem suas demandas atendidas e sua situação de espoliação social superada. Não é o que ocorreu com o MNMMR, infelizmente. Ainda que tenham sido grandes e meritórias as conquistas no Movimento, ainda há uma alta constatação de violações de direitos de crianças e adolescentes e milhares que ainda sobrevivem em condições subumanas de vida.

A não superação da condição que originou a formação do sujeito coletivo e da luta em defesa dos direitos de crianças e adolescentes pode revelar uma dificuldade de rompimento paradigmático social. Ou seja, apesar de reconhecida a subjetividade jurídica de crianças e adolescentes positivamente, a sociedade ainda não acompanhou plenamente esta mudança, talvez em razão do enraizamento da doutrina da situação irregular.

Capítulo 4. O Silêncio de Crianças e Adolescentes em Situação de Rua no Brasil

No avançar da concepção de infância e do reconhecimento gradativo da subjetividade e dos direitos de crianças e adolescentes, em especial aqueles em situação de rua, percebe-se que passam da condição de pessoas com a subjetividade negada, sendo tratadas apenas como objetos, à condição de sujeitos coletivos, protagonistas da luta pela defesa e promoção dos direitos humanos e fundamentais de crianças e adolescentes.

O reconhecimento formal da subjetividade jurídica internacional e nacional de crianças e adolescentes sem dúvidas representa um grande avanço não apenas jurídico, mas também social. Uma sociedade que reconhece no outro, na alteridade e na diferença, a igualdade é uma sociedade mais justa, igualitária e solidária.

O reconhecimento da diferença, e não a tentativa de igualar todos, é um dos pressupostos para que se alcance a igualdade tão almejada na luta pela promoção e defesa dos direitos humanos. Na verdade, a igualdade deve se dar no sentido do reconhecimento da subjetividade, da cidadania, da dignidade, da titularidade de direitos humanos e fundamentais.

Crianças e adolescentes em situação de rua, especialmente na década de 80, portanto, tiveram grande protagonismo em defesa do reconhecimento da subjetividade jurídica e dos direitos de crianças e adolescentes no Brasil, sob a perspectiva da proteção integral em confronto com a menoridade e com a ideia binomial de carência-delinquência. Por meio do Movimento Nacional de Meninos e Meninas de Rua, crianças e adolescentes em situação de rua lutaram por seus direitos através de sua participação social, de campanhas, de debates, de proposições no Congresso Nacional, entre outros. Eles próprios denunciaram violações e enunciaram direitos, atuaram como sujeito coletivo politicamente constituído.

Percebe-se, assim, a evolução da subjetividade de crianças e adolescentes, incialmente negada, constituída politicamente e reconhecida normativamente. Atualmente, constata-se, através de pesquisas acadêmicas e da mera observação das ruas dos centros urbanos brasileiros, o perdurar da negação da subjetividade de crianças e adolescentes em situação de rua.

Esta negação da subjetividade, revelada com o silêncio de crianças e adolescentes em situação de rua, não se trata da subjetividade jurídica reconhecida positivamente, mas de sua identidade enquanto seres humanos, no que se refere à relação com a própria sociedade. Ou seja, mesmo com a positivação de direitos e a criação de sistema de garantias, fruto da oitiva do clamor de meninos e meninas de rua, estes continuam vivendo um quadro de invisibilidade social. O clamor ouvido – expresso na norma – segue sendo silenciado, em face do estigma e das construções sociais em torno deste público.

4.1. O paradoxo entre a norma e a realidade de crianças e adolescentes em situação de rua

A realidade é o resultado de uma soma de diversos fatores que afetam direta ou indiretamente uma sociedade, como usos, costumes, cultura e hábitos. Assim, a realidade de crianças e adolescentes no Brasil é, na verdade, fruto de uma construção social dinâmica que se dá no decorrer dos anos.

Se diante desse real vislumbram-se diversos males sociais, como a injustiça, a violência, a opressão, os maus-tratos, entre outros, os cidadãos, individualmente, são corresponsáveis pela conscientização para que haja uma verdadeira mudança do comportamento social. Isso porque a sociedade é dinâmica e, no caso dos direitos de crianças e adolescentes, tem evoluído no que se refere ao reconhecimento de sua subjetividade e consequente titularidade de direitos humanos e fundamentais.

No entanto, a ação individual ou, até mesmo, pequenas ações coletivas isoladas, não causam influência tão significativa para se quebrar um paradigma social. Portanto, a mudança tão almejada pela promoção e reconhecimento dos direitos de crianças e adolescentes, enquanto sujeitos de direito, capazes de protagonizarem a própria história, desvinculando-se de antigas concepções de propriedades paternas ou estatais, especialmente no que tange àqueles que se encontram em situação de rua, não se dá de forma automática através de mudanças normativas; mas exige a união de diversos esforços individuais alcançando assim um processo coletivo de combate aos referidos males.[88]

A norma, de fato, quebrou com o paradigma anterior da situação irregular, inaugurando, assim, a proteção integral. Contudo, não se deve descartar que, no decorrer da história da concepção de infância e juventude no mundo e no Brasil, foi construída uma percepção acerca da infância pobre, especialmente em relação aos que vivem em situação de rua – o extremo da pobreza. Nesta construção, como bem explicita os ditames da doutrina da situação irregular, vinculou-se a imagem de crianças e adolescentes pobres à delinquência.

---

88 SÊDA, Edson. Construir o passado: como mudar hábitos, usos e costumes, tendo como instrumento e Estatuto da Criança e do Adolescente. São Paulo: Malheiros Editores, 1993.

Sendo assim, a sociedade, sob um olhar moderno de limpeza social, passa a considerar o que está fora do lugar, ou seja, em situação irregular, como descartável, como um problema social que deve ser posto de lado a fim de não prejudicar a sociedade. Foi esta a lógica que regeu o Direito do Menor no Brasil. Por isso, as teorias críticas de direitos humanos levantam a questão do direito à diferença como um pressuposto ao atendimento do princípio da igualdade.

Nesse sentido, considerando a necessidade de esforço conjunto para alcançar uma verdadeira mudança na concepção do direito de crianças e adolescentes no Brasil, o Estatuto da Criança e do Adolescente busca contrapor a antiga concepção que se tinha acerca das crianças e dos adolescentes, determinando que tanto a família, quanto a sociedade e o Estado são responsáveis pela garantia dos direitos fundamentais de todas as crianças e adolescentes. Ou seja, o chamado princípio da corresponsabilidade define que todos esses referidos atores são responsáveis por assegurar que os direitos das crianças e dos adolescentes sejam efetivados.

Contudo, não se deve ignorar a construção social acerca da infância pobre, como já referenciado, uma vez que tal construção gerou estigmas sociais que não são tão facilmente descontruídos. Ou seja, a realidade da situação da população infanto-juvenil hoje ainda não condiz com as normas legais voltadas a esta parcela populacional no Brasil. O Estatuto da Criança e do Adolescente buscou justamente essa mudança, através, primeiro, da alteração das normas de conduta. Entretanto, cabe à sociedade a mudança de hábitos para que a realidade da criança e do adolescente seja, de fato, compatível com os direitos dos quais são titulares.

Na perspectiva do tempo, tem-se duas normas, as denominadas endógenas e as exógenas à realidade. As normas endógenas são aquelas que correspondem às atitudes e aos hábitos dos indivíduos no dia-a-dia, ou seja, de que forma um indivíduo ou determinado grupo age com frequência. Já as normas exógenas dizem respeito a orientações, ditam formas de agir e tem como objetivo tornar-se uma norma endógena fazendo parte, assim, do cotidiano, usos e costumes de determinada coletividade. O Estatuto da Criança e do Adolescente, portanto, é uma norma exógena, na medida em que dita os deveres da família, da sociedade e do Estado ante aos direitos das crianças e dos adolescentes, buscando, com isso, tornar-se uma norma endógena na sociedade brasileira.[89]

Entretanto, tal intento ainda não foi alcançado. Esta constatação é possível ao verificar em pesquisa, já mencionada, o elevado número de crianças e adolescentes vivendo em situação de rua, mesmo sendo titulares de direitos fundamentais positivados no ordenamento jurídico brasileiro. Não se trata aqui da constatação da situação de rua simplesmente, mas todas as violações de direitos envolvidas nessa problemática, como a fome, a falta de moradia, a violência sexual, a exploração sexual, o trabalho infantil, o abandono, as condições insalubres, o envolvimento com traficantes, entre outros.

Assim, o Estatuto da Criança e do Adolescente contém normas que descrevem comportamentos ideais em uma sociedade cuja realidade ainda está na contramão do proposto por essas normas. Nesse sentido, busca-se superar as normas endógenas atuais, impondo normas exógenas como forma de superar os maus costumes e usos do passado e torná-las, com o tempo, normas endógenas, modificando, assim, a realidade de crianças e adolescentes no Brasil. Isto posto, percebe-se uma grande tensão entre a norma e a realidade.

89 SÊDA, Edson. Construir o passado: como mudar hábitos, usos e costumes, tendo como instrumento e Estatuto da Criança e do Adolescente. São Paulo: Malheiros Editores, 1993.

4.1.1 O alcance da lei e o significado do direito

Os conceitos de direito e de norma não devem ser confundidos. A norma nada mais é que a positivação de um direito. O direito, entretanto, sob a perspectiva de O Direito Achado na Rua[90], nasce nas ruas, a partir do clamor, das reinvindicações da própria sociedade, que se dá por intermédio de sua legítima organização social.

Sendo assim, a perspectiva epistemológica do direito não deve dissociar-se da perspectiva prática. Não há direito se este não for efetivado e não há efetivação se o direito não for conquistado e reconhecido. É nesse sentido que não se deve considerar o direito apenas como teoria, mas também como prática. O direito se faz, num processo constante de emancipação, que acompanha o dinamismo da sociedade e, por isso, deve ser sempre um espaço aberto.

O Direito Achado na Rua insere-se, portanto, em uma concepção pluralista. O pluralismo jurídico, que seria a ideia de que o Estado não é o único elaborador do Direito, busca legitimar saberes e conhecimentos, reconhecendo que o direito é aquele que se conquista através de lutas sociais. O Direito, portanto, nasce como resultado das reivindicações, dos clamores da própria sociedade, numa percepção antidogmática do direito e emancipatória do sujeito.

Os movimentos sociais organizados, portanto, são os grandes protagonistas de direitos, buscando seu reconhecimento pelo Estado e dando voz ao clamor da população de espoliados e excluídos, sob uma perspectiva humanista, incentivando o exercício da cidadania ativa, ou seja, da participação direta da sociedade civil nos espaços de decisão política e de criação de direitos.

---

90 SOUSA JUNIOR, José Geraldo (Org.). O Direito Achado na Rua: Concepção e Prática. Rio de Janeiro: Lumen Juris, 2015.

No caso de crianças e adolescentes em situação de rua, seu clamor nasce das ruas, dos espaços públicos, de suas reivindicações, muitas vezes, oprimidas e silenciadas, mas que, organizadas politicamente, ganham voz e resultam na criação de importantes normas. O Direito da Criança e do Adolescente, sob esta perspectiva pluralista e emancipatória, nasce justamente do clamor dos espoliados, exclamado pelo Movimento de Meninos e Meninas de Rua.

A atual concepção do direito de crianças e adolescentes no Brasil, portanto, nasce a partir de uma legítima organização social em confronto com os estigmas caracterizadores da população infanto-juvenil em situação de rua. Buscando libertar-se de concepções opressoras da infância e da juventude pobres, o movimento social em prol do reconhecimento destes direitos foi fundamental para dar voz aos pequenos espoliados e excluídos da sociedade.

A lei, portanto, busca reconhecer um direito reivindicado pela própria sociedade de acordo com sua necessidade, sob um prisma epistemológico. No entanto, não basta a normatização do Direito, mas sim sua efetivação. Ou seja, o conceito de direito, à luz desta teoria crítica, abarca não apenas a letra, mas também sua efetivação; não apenas a teoria, mas também a prática.

O Direito nasce enquanto uma prática emancipatória de sujeitos, denunciadora de violações e omissões e enunciadora de direitos, que ultrapassa a teoria e a positivação pelo Estado, buscando a sua efetivação. Ou seja, o direito não deve limitar-se à norma, mas deve alcançar, de fato, a realidade da população, a fim de libertá-la das amarras dos mais diversos males sociais.

No caso de crianças e adolescentes em situação de rua, estigmatizados e excluídos socialmente, estes organizam-se politicamente em um movimento denunciador de violações e enunciador de direitos, sendo os próprios protagonistas do reconhecimento de crianças e adolescentes como sujeitos de direitos pelo Estado. Aqui identifica-se um dos grandes paradoxos do Brasil.

Ao passo que são os próprios meninos e meninas de rua que conquistam, através de movimento social organizado, o reconhecimento da subjetividade jurídica e da titularidade de direitos fundamentais de todas as crianças e adolescentes do Brasil, instaurando a doutrina da proteção integral e rompendo com um paradigma discriminatório da infância pobre, são eles mesmos que vivem em quadro de total violação dos direitos conquistados.

Ou seja, o clamor de crianças e adolescentes em situação de rua foi ouvido, de fato, sendo revelada esta conquista não apenas normativamente, com a inclusão do art. 227 na Constituição Federal e com a promulgação do Estatuto da Criança e do Adolescente, mas também em espaços institucionais, como a rede prevista pelo Sistema de Garantias de Direitos, que busca justamente unir a norma à sua efetivação.

No entanto, perdura a realidade de violação a direitos humanos, num verdadeiro ciclo de violações, de milhares de crianças e adolescentes no Brasil, em especial as que vivem em situação de rua. Seus direitos são de fato violados, e não apenas não efetivados – o que poderia se caracterizar também como uma violação.

É nesse sentido que se percebe o alcance limitado da lei e a condição de violação de direitos na qual se inserem crianças e adolescentes em situação de rua. A norma foi reconhecida, o direito foi conquistado, porém é violado todos os dias nas ruas, praças, calçadas e rodoviárias das cidades brasileiras. A conquista pelo reconhecimento de um direito não basta por si só. É fundamental que haja uma mudança social, uma conscientização acerca da subjetividade desses indivíduos excluídos, para haja efetivação de direitos.

4.1.2. Resquícios da situação irregular

O Direito não deve ser compreendido apenas como uma ciência jurídica, mas também social. A norma e sua efetivação, que devem caminhar juntas, formam o conceito de Direito. O Direito, portanto, abarca não apenas o texto como o contexto.

Sendo assim, ao tratar-se da doutrina da situação irregular, que por muitos anos foi a teoria que regeu o direito da criança e do adolescente, à época o direito do menor, no Brasil, deve-se considerar também o contexto social na qual se insere. O Código de Menores de 1979 trazia disposições que revelavam e reforçavam uma concepção preconceituosa referente à infância e a juventude pobres no Brasil.

Seguida da Doutrina Penal do Menor – na qual somente interessava para o Estado o menor quando este cometesse algum delito -, a doutrina da situação irregular somente regulamentava a situação de crianças e adolescentes que se encontravam em situação irregular. Ou seja, era uma norma que não atingia todas as crianças e os adolescentes, mas, em geral, somente as crianças pobres e as que estavam em conflito com a lei.[91] Considerados como problemas sociais a serem segregados da sociedade, o termo menor carregava uma carga pejorativa, revelando um estigma especialmente de meninos e meninas de rua.

O conceito de menor foi se consolidando em meio a sociedade sob essa perspectiva da menoridade e reforçando a ideia de incapacidade da criança e o desprezo às crianças e aos adolescentes pobres. A segregação, a criminalização e a repressão foram traços marcantes do menorismo. Acerca da teoria da situação

91 CUSTÓDIO, André Viana. Teoria da proteção integral: pressuposto para compreensão do Direito da Criança e do Adolescente. In: Revista do Direito, v. 29, p. 22-43, 2008.

irregular, Custódio afirma: "era a construção de um mundo paralelo, onde a irregularidade era imaginada com base em preconceitos e estereótipos e depois restava aos agentes do Estado enquadrar o público perfeito à caracterização da barbárie".[92]

Ou seja, a partir de preconceitos se definia a irregularidade e se responsabilizava a própria criança de sua condição. Bem verdade que sequer tinha sua subjetividade reconhecida, eram objetos de intervenção estatal em prol da segurança da sociedade. Sem dúvida, os meninos de rua, que inclusive eram conhecidos como menores, foram objetos de repressão do Estado.

Resgatando a ideia de que todo texto está inserido em um contexto, a norma da situação irregular somente revelava o imaginário social da época em relação aos menores. O preconceito e o estigma em relação às crianças e aos adolescentes em situação de rua foi se consolidando socialmente no decorrer do tempo.

Apesar da mudança paradigmática entre a teoria da situação irregular e a teoria da proteção integral, o paradigma social, ou seja, a concepção preconceituosa da sociedade em relação às crianças e aos adolescentes em situação de rua, não se rompeu. Instaurou-se, de fato, uma nova doutrina do Direito da Criança e do Adolescente, porém, a concepção epistemológica não basta para se compreender o direito. Verifica-se, assim, uma dissonância entre a prática e a teoria. O rompimento de construções de estigmas e preconceitos é algo que se dá de forma paulatina.

Sendo assim, ao analisar realidade e norma, percebe-se, no Brasil, diversos rastros deixados pela teoria da situação irregular, especialmente no que toca à concepção preconceituosa de crianças e adolescentes em situação de rua. Ainda vivem à sombra de

92 CUSTÓDIO, André Viana. Teoria da proteção integral: pressuposto para compreensão do Direito da Criança e do Adolescente. In: Revista do Direito, v. 29, p. 22-43, 2008.

estigmas e preconceitos, reduzidos à criminalização ou à filantropia, não reconhecidos socialmente – apesar de reconhecidos normativamente – como sujeitos de direito.

4.1.3. A desconstrução social do paradigma da situação irregular

É cediço que a teoria da situação irregular foi quebrada com o advento da teoria da proteção integral no Direito da Criança e do Adolescente no Brasil. Contudo, perdura-se a realidade de milhares de crianças e adolescentes no Brasil, que tem seus direitos fundamentais violados cotidianamente, vivendo nas ruas, lançadas à própria sorte.

Esta realidade dissonante com a norma garantidora de direitos da proteção integral revela que, apesar do paradigma da situação irregular ter sido normativamente superado, ainda não o foi socialmente. É nesse sentido que o Direito não deve ater-se à simples positivação das normas, mas deve considerar também o contexto, os aspectos sociais relacionados.

No caso de crianças e a adolescentes em situação de rua, pelo texto das normativas protetivas do ordenamento jurídico brasileiro, estes deveriam ser alcançados pela norma, uma vez que esta é universalizante. No entanto, cai-se, aqui, na referida armadilha da universalização de direitos. A grande diversidade e pluralidade de sujeitos exige o reconhecimento da diferença como fator fundamental para se atingir o princípio da igualdade e da dignidade humana.

Portanto, ao generalizar a normativa sobre direitos de crianças e adolescentes, acabou deixando-se de lado a problemática peculiar da situação de rua. A tentativa de se igualar através da universalização mostra-se frustrada ao verificar-se a elevada quantidade de crianças e adolescentes em situação de rua, tendo seus direitos humanos violados ciclicamente.

Faz-se mister a conscientização da sociedade no sentido de abandonar antigas concepções discriminatórias e incriminadoras de meninos e meninas de rua, buscando uma verdadeira mudança no hábito e na cultura da sociedade. O olhar voltado às crianças e aos adolescentes em situação de rua – que muitas vezes sequer são notados – deve ser o mesmo olhar de proteção voltado a toda e qualquer criança e adolescente.

A mudança de costumes, hábitos, formas de pensar e agir na relação com o outro dá-se de forma gradativa, diferentemente da mudança normativa. Destaca-se, contudo, que é o conjunto entre a norma e a realidade, o texto e o contexto, que deve compor o direito. Sendo assim, a luta de atores engajados pela defesa de direitos de crianças e adolescentes não deve se esgotar com a norma, mas deve buscar sua efetivação, até que se supere a condição de exclusão que originou sua reivindicação, seu clamor, seu grito.

Hoje, o que se pode perceber é que esta dificuldade de rompimento de paradigma social, revelada com a quantidade elevada de crianças e adolescentes vivendo nas ruas, nas calçadas, nas rodoviárias em diversas cidades do país, explicita a mancha de uma concepção discriminatória da infância e a necessidade da luta pela promoção dos direitos de crianças e adolescentes em situação de rua.

4.2. O clamor ouvido e silenciado

Como já mencionado, no compasso do movimento internacional de conscientização em relação à posição da criança e do adolescente na sociedade e no ordenamento jurídico, alguns educadores sociais, crianças, adolescentes, ativistas se uniram em prol do reconhecimento nacional de crianças e adolescentes como sujeitos de direitos.

Os principais protagonistas deste movimento em defesa dos direitos de crianças e adolescentes no Brasil, buscando o rompimento com a antiga doutrina da situação irregular, foram as crianças e os adolescentes em situação de rua. Afirmando sua subjetividade coletiva, o movimento politicamente constituído, Movimento Nacional de Meninos e Meninas de Rua, atuou com o protagonismo infanto-juvenil, buscando o reconhecimento normativo dos direitos de crianças e adolescentes.

A mobilização realizada pelo movimento, bem como seu engajamento, através da promoção de encontros de jovens em situação de rua, de campanhas, de passeatas, de articulações junto ao Congresso Nacional, fez com que o grito dos espoliados – dos meninos e meninas de rua – fosse de fato ouvido. A normatização desses direitos representa muito mais que uma quebra paradigmática formal, mas uma verdadeira conquista para um grupo populacional que nunca havia sido ouvido, mas silenciado, sob uma lógica de repressão estatal e de diminuição ou, até mesmo, anulação destes indivíduos.

Reconhecidos normativamente como sujeitos de direito, titulares de direitos humanos, crianças e adolescentes podem e devem pleitear seus direitos, havendo uma vasta rede de atendimento criada para garantir sua efetivação. Não se tratou apenas de um ganho normativo, mas um ganho emancipatório de crianças e adolescentes, que não mais se vinculam aos pais ou ao Estado na condição de propriedades, de objetos, mas são reconhecidos como sujeito de direito.

A quebra de um paradigma normativo se dá de forma instantânea a partir da aprovação de nova norma substituidora. Ou seja, a quebra de paradigma entre a teoria da situação irregular e a teoria da proteção integral se deu com a promulgação da Constituição Federal de 1988 e do Estatuto da Criança e do Adolescentes do 1990. Ocorre que, o direito não é apenas norma, mas também prática. A partir da concepção de O Direito Achado na Rua, que trata de uma ciência sócio jurídica, o direito não deve ser entendido apenas como um conjunto de normas, mas antes como texto inserido em um contexto e, muitas vezes, o contexto acaba se contrapondo ao texto ou vice-versa.

Neste caso, o MNMMR atuou com força, sendo inclusive internacionalmente conhecido como uma das maiores mobilizações em favor dos direitos de crianças e adolescentes, porém, após as conquistas normativas, foi perdendo força. Hoje, pouco se tem registro de atividades mais recentes do MNMMR. O clamor de crianças e adolescentes em situação de rua que foi amplamente ouvido na década de 80 durante a constituinte e o processo de redemocratização do país, hoje quase não se ouve.

No entanto, apesar das conquistas normativas, reitera-se que existem milhares de crianças e adolescentes em situação de rua no Brasil, vivendo um quadro de massivas violações a direitos humanos e fundamentais, desamparados pelo Estado, pela família e pela sociedade, vítimas de um sistema que os despreza, que os considera inúteis e invisíveis, manchados pela recriminadora e preconceituosa doutrina da situação irregular. O texto e o contexto se mostram em clara contradição.

Não se pode afirmar com precisão o porquê do atual silêncio de crianças e adolescentes em situação de rua. Talvez estejam tão invisíveis à sociedade que seu clamor sequer é notado; talvez a conquista normativa tenha sido suficiente para diminuir ou silenciar a voz expressada pelo sujeito coletivo, o MNMMR; talvez seja simplesmente cômodo à sociedade e ao Estado não voltar o olhar às crianças e aos adolescentes em situação de rua; talvez a concepção de menor da teoria da situação irregular ainda esteja fortemente marcada no consciente coletivo. Seria muito pretensioso buscar uma resposta única e assertiva para esta problemática.

Fato é que milhares de crianças ainda vivem nesse quadro de total violação a direitos. Difícil concluir que têm, de fato, sua subjetividade reconhecida. Ora, estão sob a vista de toda a sociedade nos grandes centros urbanos do Brasil, muitas vezes, sem sequer serem notados. Certamente o seriam caso fossem apenas crianças, crianças bem vestidas, bem alimentadas, saudáveis. Certamente seriam notadas caso não estivessem em condições subumanas de vida.

Pode-se dizer, portanto, que, apesar de normativamente serem reconhecidos como sujeitos de direito, após grande luta enquanto sujeitos coletivos através do MNMMR, atualmente estas milhares de crianças e adolescentes que sequer são notadas, vivem uma condição de negação de sua subjetividade, de sua identidade, de sua dignidade, de sua humanidade.

4.3. O direito de ser criança e adolescente

O "ser criança" é uma concepção que foi construída ao longo da história da infância. A infância passou por diversas fases referentes à sua relação com a sociedade, com a família e com o Estado; acompanhando transformações das mais diversas naturezas, como sociais, econômicas, políticas, culturais, entre outras.[93]

93 FURLAN, Marta Regina. A construção do "ser" criança na sociedade capitalista. In: Revista Terra e Cultura, nº 37, 2004, pp. 3-14.

O conceito de infância evoluiu desde uma concepção de indiferença pela sociedade – realidade da Idade Média na qual crianças eram vistas como "mini adultos" – até a concepção da Modernidade, com o reconhecimento da criança como detentora de especificidades próprias, valorização da infância no seio familiar, na pedagogia. A construção desta visão acerca do conceito de infância não significa dizer que toda criança tem infância. Pelo contrário, a infância sofre influências do meio social, familiar, político, cultural e econômico no qual a criança está inserida.[94]

O ser criança, portanto, comporta também o conceito de infância. A criança não deve ser entendida apenas como uma classificação etária de seres humanos, mas uma idade cheia de especificidades próprias, que devem ser respeitadas e incentivadas, a fim de que vivam de forma plena e saudável a sua infância.

Rousseau trata da importância da infância, da educação, dos cuidados com crianças, "não se vê que a raça humana teria perecido se o homem não começasse sendo criança"[95]. Todo ser humano nasce criança e os cuidados com a criança são fundamentais para que se desenvolva plenamente. A criança, que nasce cheia de pureza, traz consigo a esperança de um presente e de um futuro melhor.

É nesse sentido do reconhecimento do eu no outro, da empatia, da alteridade, que se deve conceber o zelo com as crianças. Devem ser protegidas não por serem inferiores, mas por serem humanas, e, portanto, portadoras de dignidade humana. São o presente e o futuro da humanidade.

---

94 PINHEIRO, Maria do Carmo Morales. A constituição do conceito de infância e algumas questões relativas ao corpo: da idade média à modernidade. In: Revista Poiésis, vol. I, nº 1, pp. 48-62, janeiro/dezembro, 2003.

95 ROUSSEAU, Jean-Jacques. Emílio ou Da Educação. São Paulo: Martins Fontes, 1995, p. 6.

Ao analisar o conjunto de direitos fundamentais de crianças e adolescentes previstos na Constituição Federal de 1988, pode-se depreender que, compilando-os, trata-se do direito de ser criança. Assim como os direitos humanos são fundamentais a todo ser humano, os direitos fundamentais de crianças e adolescentes – apontados por eles mesmos em Encontros Nacionais promovidos pelo MNMMR – são essenciais para o ser criança.

Considerações Finais

A realidade de milhares de crianças e adolescentes vivendo em situação de rua revela o cenário de invisibilidade social no qual estão inseridos. Desde o chamado silêncio jurídico, ou seja, a ausência de menção em normas brasileiras sobre crianças e adolescentes em situação de rua, até a ausência de pesquisa oficial que trate desta parcela populacional.

Crianças e adolescentes sequer são mencionados no próprio conceito formal, para fins de políticas públicas, de população em situação de rua. Estão esquecidos, invisíveis, à margem da sociedade, marcados pelos estigmas e pela força da opinião pública que se formou em razão de antigos paradigmas da concepção de infância e do direito de crianças e adolescentes no Brasil. Para fins de censo oficial do IBGE, a população de rua sequer é contabilizada, muito menos o são crianças e adolescentes que vivem nesta condição.

Então quem são as crianças e os adolescentes que vivem em situação de rua no Brasil? Diversas são as teorias que buscam traçar uma definição de crianças e adolescentes em situação de rua. No entanto, não se pode desprezar o fato de que se trata, na verdade, de uma parcela da população extremamente heterogênea, não comportando em apenas um conceito.

Uma única pesquisa não oficial realizada no Brasil sobre crianças e adolescentes em situação de rua revelou que seus perfis são muito diversos e as razões pelas quais se encontram nesta situação também.[98] Brigas verbais com pais e mães, violência doméstica, alcoolismo, perda da moradia da família e abuso sexual, estão entre os maiores motivos pelos quais crianças e adolescentes decidem deixar de dormir na casa da família. Ao passo que, entre os motivos pelos quais eles não gostam de dormir nas ruas estão a violência, o clima (frio, calor, chuva), a ação policial, o desconforto e a dificuldade para higiene pessoal. Ou seja, trata-se, na verdade, de um ciclo de violações de direitos humanos que fere a dignidade. Trata-se de um quadro de negação de direitos, negação da dignidade humana, negação do próprio ser humano.

Considerando esta heterogeneidade, além da dificuldade de se definir com uma certa precisão o conceito de crianças e adolescentes em situação, em 2017, o CONANDA criou um grupo de trabalho para fortalecer políticas públicas para este público. Deste trabalho, resultou o documento: "Diretrizes Nacionais para atendimento a crianças e adolescentes em situação de rua"[96]. Este documento traz um conceito abrangente de crianças e adolescentes que vivem em situação de rua, reforçando que se trata de uma situação de vida e não de uma caracterização do ser humano. A criança não é de rua, mas está em situação de rua, em estado constate de violação de direitos humanos e fundamentais.

A mentalidade pós-moderna de pureza, de se descartar o que está no fora do padrão, a mesma mentalidade que levou à chacina dos judeus pelos nazistas, reforça o desprezo, o preconceito e a invisibilidade contra crianças e adolescentes em situação de rua no Brasil. Não se trata apenas de um silêncio jurídico ou normativo, mas de um silêncio ou uma surdez propositial da própria sociedade em relação ao clamor desta parcela populacional.

A construção negativa - e negadora de direitos - da imagem de crianças e adolescentes em situação de rua no Brasil funda-se em uma história de desprezo da infância no Brasil e no perdurar das concepções preconceituosas da teoria da situação irregular, que associava a carência com a delinquência, estigmatizando os chamados meninos de rua - os menores - e considerando-os perigosos à so-

---

96 1º Censo nacional de crianças/adolescentes em situação de rua - 2010/Meta Instituto de Pesquisa.

ciedade. Esta estigmatização dos meninos de rua os colocavam em uma realidade de negação de direitos e de sua própria identidade e subjetividade jurídica. Ou seja, sequer eram considerando como titulares de direitos fundamentais, dotados de dignidade humana. Na verdade, eram reputados não humanos.

Diante desse quadro de desprezo, preconceitos, exclusão, estigma e silenciamento, surgem no Brasil, na década de 80, diversas iniciativas isoladas de promoção dos direitos de crianças e adolescentes em situação de rua para buscar reverter esta realidade. Em 1985 nasceu o grande protagonista da luta pelo reconhecimento da subjetividade jurídica de crianças e adolescentes no Brasil, o Movimento Nacional de Meninos e Meninas de Rua. Este movimento reuniu ativistas, meninos e meninas de rua e pessoas que queriam lutar pelo reconhecimento de seus direitos, erguendo o clamor, ou seja, as reivindicações, de crianças e adolescentes em situação de rua.

Em sintonia com a promoção de direitos humanos na comunidade internacional, principalmente no período pós Segunda Guerra Mundial, e através da participação ativa do referido sujeito coletivo (MNMMR), em 1988, foi promulgada a Constituição Federal do Brasil contendo dispositivo específico que instaura uma nova doutrina do Direito da Criança e do Adolescente, a doutrina da proteção integral. Reforçando este novo paradigma, é promulgado em 1990, o Estatuto da Criança e do Adolescente.

A luta dos direitos humanos é uma luta pela igualdade, pelo reconhecimento de que todo ser humano deve ter sua dignidade respeitada. O que move a luta em defesa dos direitos humanos é justamente a indignação dos humilhados, dos espoliados e dos excluídos da sociedade ante às opressões e repressões que sofrem. A busca pela igualdade, à luz da inegável universalidade dos direitos humanos, não deve ser entendida de forma restritiva, pelo contrário, deve abarcar a singularidade e as peculiaridades dos mais diversos grupos sociais.

A universalidade dos direitos humanos, portanto, não pode ser entendida como uma generalização de direitos a uma grande massa humana homogênea, mas deve antes reconhecer e contemplar a diversidade social, tendendo à singularização de direitos como forma de luta pela igualdade. Assim, não se deve descartar as peculiaridades e singularidades inerentes às crianças no que se refere ao seu reconhecimento enquanto seres humanos e, portanto, dotadas de dignidade; mas antes considerar suas diferenças para melhor contemplá-las como sujeitos de direito. O direito à diferença, portanto, deve nascer junto ao direito à igualdade.

É nesse sentido, considerando as peculiaridades de crianças e adolescentes e em um contexto de descarte do ser humano, que surge na comunidade internacional a preocupação com o reconhecimento de crianças e adolescentes como sujeitos de direitos. Surgem, então, diversos documentos internacionais de proteção à criança, havendo, com isso, o reconhecimento da subjetividade jurídica internacional de crianças e adolescentes. Este importante reconhecimento do Direito Internacional passa a servir como norte aos Estados para que reconheçam também internamente a subjetividade jurídica de crianças e adolescentes, considerando suas singularidades, para se alcançar a igualdade. Esses instrumentos internacionais são importantes marcos do Direito da Criança e do Adolescente, erguendo um novo paradigma.

É neste movimento de singularização de direitos humanos, em nome da igualdade e da dignidade, a fim de contemplar os mais diversos grupos sociais de excluídos, que é reconstruída a ideia de subjetividade jurídica de crianças e adolescentes no plano internacional. Passam a ter proteção internacional, inclusive com o direito de peticionarem em juízo e de serem ouvidas, sendo respeitadas suas condições específicas, que, ainda que limitadoras de sua capacidade jurídica, em nada limitam a sua subjetividade.

No Brasil, o movimento lançado pelo MNMMR expressou a necessidade do reconhecimento da singularidade e do direito à diferença como expressões da igualdade e da dignidade humana. Crianças e adolescentes em situação de rua, portanto, passam da condição de subjetividade negada, já que tendo seus direitos violados e negados, à subjetividade politicamente constituída. Ou seja, a partir da concepção da alteridade, da relação com o outro, como pressuposto da subjetividade e fundamento da subjetividade coletiva – que é a união de um grupo de pessoas que identificam alguma violação ou omissão comum de direito e lutam pela superação dessa condição – é que os meninos e meninas de rua se uniram em prol dos direitos de crianças e adolescentes,

O MNMMR, portanto, deu voz a milhares de crianças e adolescentes em situação de rua no Brasil na década de 80, lutando pelo reconhecimento da subjetividade jurídica de crianças e adolescentes, pela sua identidade, pela sua dignidade e culminando no reconhecimento de sua titularidade de direitos fundamentais. É nesse contexto que a Constituição Federal de 1988 e o ECA trazem a singularização de direitos da criança e do adolescente, revelando um cuidado com as peculiaridades desta população e buscando, na esteira dos direitos humanos, proteger os direitos dos mais fracos. Trata-se da universalidade que contempla a singularidade, da igualdade que nasce junto à diferença. Trata-se de reparar disparidades e proteger e emancipar os oprimidos e espoliados.

Entretanto, paradoxalmente, o mesmo grupo de indivíduos que lutou pelo reconhecimento de direitos de todas as crianças e adolescentes sem distinção, é o grupo que ainda vive à sombra de estigmas, criminalização e preconceitos. Crianças e adolescentes em situação de rua ainda vivem uma realidade denegatória de direitos e de sua subjetividade. Ainda se vive em uma sociedade que não acompanhou a quebra paradigmática do Direito da Criança e do Adolescente. Cobre-se o rosto à realidade de sofrimento, de privação, de violação de direitos na qual vivem milhares de crianças e adolescentes em situação de rua.

O protagonismo do MNMMR, após as importantes conquistas normativas alcançadas, dá lugar novamente ao silenciamento de crianças e adolescentes em situação de rua. São silenciados pela sociedade que não os enxerga, pelas políticas que não os alcança, pela norma que não os contempla, pelo estigma que os mancha, pelas antigas concepções do situação irregular, pela indiferença que não deu lugar ao direito à diferença, pela violação ao seu direito de ser simplesmente criança ou adolescente. São silenciados pelas atuais conjunturas políticas e econômicas que reforçam estigmas, que retomam a ideia de descartabilidade e higienização, que retomam tempos sombrios de negação de direito, que as desprezam.

Seu clamor por direitos ainda existe, seu direito ainda está nascendo e se reconstruindo deste clamor que se dá das mais diversas formas, mas não são mais ouvidos, permanecem à sombra da invisibilidade social, são estigmatizados e excluídos, vivem na condição de sujeitos de direito (reconhecidos normativamente) invisíveis (socialmente).

"A gente queria pedir pra eles olhar mais pra gente, que a gente tá que nem uma comida quando bota fogo, esquece e queima. A gente estamos esquecidos".[97]

97 Fátima, 15 anos. Trecho retirado de entrevistas realizadas pelo Centro Internacional de Estudo e Pesquisas sobre a Infância, em RIZZINI, Irene. A rua no ar: histórias de adolescentes. Rio de Janeiro: CIESPI, 2006, p.39.

Referências Bibliográficas

ABREU, Domingos (orientador). Censo da exclusão ou falta de inclusão nos censos? A (in)visibilidade de meninos e meninas em situação de moradia nas ruas nas capitais brasileiras. Fortaleza: Criança não é de rua, 2009.

ALEXY, Robert. Teoria dos Direitos Fundamentais. Tradução de Virgílio Afonso da Silva. São Paulo: Malheiros, 2008.

ALVES, José Augusto Lindgren. Os Direitos Humanos como tema global. São Paulo: Perspectiva, 2003.

ARAUJO, Doreodó (Org). Desordem e Processo – Estudos Jurídicos em Homenagem a Roberto Lyra Filho. Porto Alegre: Sergio Antonio Fabris Editor, 1986.

BAUMAN, Zigmunt. O mal-estar da pós-modernidade. Rio de Janeiro: Jorge Zahar, 1998.

BRASIL. Constituição (1988). *Constituição da República Federativa do Brasil.* Senado Federal, 2015.

BRASIL. Diretrizes Nacionais para o atendimento a crianças e adolescentes em situação de rua, 2017

BRASIL, *Lei nº. 6697/79*, Código de Menores.

BRASIL. *Lei nº. 8069 de julho de 1990.* Estatuto da Criança e do Adolescente. Brasília, 1990. BOBBIO, Norberto. A Era dos Direitos. Rio de Janeiro: Elsevier, 2004.

BOEIRA, Daniel Alves. Visões sobre os "menores" considerados infratores na Comissão Parlamentar de Inquérito do Menor (Brasil, 1974-1976). *4tas Jornadas de Estudios sobre la Infancia, Buenos Aires*, 2015.

BONAVIDES, Paulo. Curso de Direito Constitucional. São Paulo: Malheiros Editores, 2014.

CANOTILHO, J. J. Gomes. Direito Constitucional. 6ª edição. Livraria Almedina. Coimbra. 1995.

CARBONARI. Paulo César. Sujeito de direitos humanos: questões abertas e em construção. In: SILVEIRA, R.M.G. et. Al. (Orgs). Educação em direitos humanos: fundamentos teóricometodológicos. João Pessoa: Editora Universitária, 2007.

CASTEL, Robert. As armadilhas da exclusão. In: WANDERLEY, Mariângela; BÒGUS, Lúcia; YAZBEK, Maria Carmelita. Desigualdade e a questão social. São Paulo: EDUC, 1997.

CHAUÍ, Marilena. Sociedade, Estado, OAB in XIII Conferência Nacional da OAB, Conselho Federal da OAB. Belo Horizonte: Anais, 1990.

COSTA, Alexandre Bernardino (Org). Direito Vivo: Leituras sobre Constitucionalismo, Construção Social e Educação a Partir do Direito Achado na Rua. Brasília: Editora UnB, 2013.

COSTA, Alexandre Bernardino. Desafios da Teoria do Poder Constituinte no Estado Democrático de Direito. Tese de Doutorado apresentada à Faculdade de Direito da Universidade Federal de Minas Gerais, Belo Horizonte, 2005.

COSTA, Antônio Carlos Gomes da. De menor a cidadão: notas para uma história do novo direito da infância e juventude no Brasil. Brasília, DF: Editora do Senado, 1993.

CUSTÓDIO, André Viana. Teoria da proteção integral: pressuposto para compreensão do Direito da Criança e do Adolescente. In: Revista do Direito, v. 29, p. 22-43, 2008.

DEL PRIORE, Mary. História das crianças no Brasil. São Paulo: Contexto, 2013.

FALEIROS, Vicente de Paula. A fabricação do menor. Revista Humanidades, Universidade de Brasília, v. 4, n. 12, fev/abr., 1987.

FALEIROS, Vicente de Paula; PRANKE, Charles (Coords.). Estatuto da Criança e do Adolescente - Uma década de direitos - avaliando resultados e projetando o futuro. Campo Grande: Editora da UFMS, 2001.

FAUSTO, A e CERVINI, R. (eds.). O trabalho e a rua: crianças e adolescentes no Brasil urbano dos anos 80. São Paulo: Cortez Editora, 1991.

FERREIRA, João Hélio. Direitos Humanos: crianças e adolescentes. Curitiba: Juruá, 2010.

FLORES, Joaquín Herrea. A reinvencão dos direitos humanos. Florianópolis: Boiteux, 2009.

FLORES, Joaquín Herrera. Teoria Crítica dos Direitos Humanos: os Direitos Humanos como produtos culturais. Rio de Janeiro: Editora Lumen Juris, 2009.

FURLAN, Marta Regina. A construção do "ser" criança na sociedade capitalista. In: Revista Terra e Cultura, nº 37, 2004, pp. 3-14.

GOFFMAN, Erving. Estigma: notas sobre a manipulação da identidade deteriorada. Rio de Janeiro: Zahar, 1982.

GOHN, Maria da Glória. Movimento de meninos e meninas de rua no Brasil. In: GOHN, Maria da Glória. Os Sem-Terra, ONGs e cidadania: a sociedade civil brasileira na era da globalização. São Paulo: Cortez, 1997.

GOHN, Maria Glória. Movimentos sociais e Redes de Mobilizações Civis no Brasil Contemporâneo. Petrópolis, RJ: Vozes, 2010.

GOHN, Maria da Glória. Teorias dos movimentos sociais: paradigmas clássicos e contemporâneos. São Paulo: Loyola, 1997.

HABERMAS, Jügen. *The concept of human dignity and the realistic utopia of Human Rights*. 2010.

HESSE, Konrad. A Força Normativa da Constituição. Tradução de Gilmar Ferreira Mendes. Sergio Antonio Fabris Editor. Porto Alegre. 1991.

INSTITUTO META DE PESQUISA/MDS. Pesquisa Nacional Sobre a População em Situação de Rua, 2008. Disponível em:

<http://www.mds.gov.br/gestaodainformacao/disseminacao/sumarios-executivos-depesquisas/2008/pesquisa-nacional-sobre-a-populacao-em-situacao-derua/arquivos/sumario%20executivo_pop%20rua.pdf/download>. Acesso em: 14 set. 2015.

JODELET, D. As representações sociais. Rio de Janeiro: Ed. UERJ, 2001.

Juizado da Infância e da Juventude / (publicado por) Tribunal de Justiça do Rio Grande do Sul, Corregedoria Geral da Justiça – n.1 (nov. 2003).- Porto Alegre: Departamento de Artes Gráficas do TJRS, 2003.

KELSEN, Hans. Teoria pura do direito. Trad. João Baptista Machado. São Paulo: WMF Martins Fontes, 2009.

KOERNER, Andrei. Ordem política e sujeito de direito no debate sobre direitos humano. Niterói: Lua Nova, nº57, 2002.

LE ROUX, Johann. *The Worldwide Phenomenon of street children: a conceptual a analysis; Adolescence*, vol. 31, nº 124, San Diego, Libra Publishers, 1996.

LEAL, Maria Lúcia Pinto. No Olho da Rua: na rua nem todos os gatos são negros. Brasília: FAC-UnB, 1991.

LEAL, Maria Lúcia Pinto (org.). A trajetória social da criança e do(a) adolescente em situação de exploração sexual na Rodoviária e no Setor Comercial Sul de Brasília. Brasília: UnB, 2012.

LUSK, Markw. *Street Children Programs in Latin America. The jornal of Sociology &Social*: vol. 16, ISS.1, Article 6, 2015.

LYRA FILHO, Roberto. O que é Direito. Editora Brasiliense, 1995.

MACIEL, Kátia Regina Ferreira Lobo Andrade. Curso de Direito da Criança e do Adolescente. São Paulo: Saraiva, 2015.

MARCÍLIO, Maria Luiza. A lenta construção dos direitos da criança brasileira. Séc. XX. Revista USP. São Paulo. Março/Maio 1998.

MACHADO, Martha de Toledo. A proteção constitucional de crianças e adolescentes e os direitos humanos. Barueri: Manole, 2003.

MELO, Eduardo Rezende. Crianças e Adolescentes em situação de rua: Direitos Humanos e Justiça. São Paulo: Malheiros Editores, 2011.

MÜLLER, Friedrich. Quem é o povo? A questão fundamental da democracia. Tradução de Peter Naumann. São Paulo: Max Limonad, 2003.

NETTO, Menelick de Carvalho; SCOTTI, Guilherme. Os Direitos Fundamentais e a (In)Certeza do Direito. A Produtividade das Tensões Principiológicas e a Superação do Sistema de Regras. Belo Horizonte: Editora Fórum, 2011.

NOLETO, Mauro Almeida. Subjetividade Jurídica: a titularidade de direitos em perspectiva emancipatória. Porto Alegre: Sergio Fabris, 1998.

OLIVEIRA, Roberto Cardoso de. Identidade, etnia e estrutura social, São Paulo: Pioneira, 1978.

PERES LUÑO, Antonio. Derechos humanos, Estado de derecho y Constituición. Madrid: Tecnos, 1995.

PINHEIRO, Maria do Carmo Morales. A constituição do conceito de infância e algumas questões relativas ao corpo: da idade média à modernidade. In: Revista Poiésis, vol. I, nº 1, pp. 48-62, janeiro/dezembro, 2003.

PIOVESAN, Flávia. Direitos Humanos e Direito Constitucional Internacional. São Paulo: Saraiva, 2013.

PIOVESAN, Flávia. Direitos Humanos: desafios da ordem internacional contemporânea. Porto Alegre: EMAGIS, 2005.

P.N. Drost, Human Rights as Legal Rights, Leyden, Sijthoff, 1965.

PRODANOV, Cleber Cristiano. Metodologia do trabalho científico: métodos e técnicas da pesquisa e do trabalho científico. Novo Hamburgo, RS: Feevale, 2013.

RAMOS, André de Carvalho. Teoria Geral dos direitos humanos na ordem internacional. São Paulo: Saraiva, 2016.

RIZZINI, Irene. A arte de governar crianças: a história das políticas sociais, da legislação e da assistência à infância no Brasil. São Paulo: Cortez, 2011.

RIZZINI, Irene. Vida nas Ruas. Crianças e Adolescentes nas Ruas: Trajetórias Inevitáveis. Rio de Janeiro/São Paulo, PUC/Rio: Loylola, 2003.

RIZZINI, Irene; CALDEIRA, Paula; RIBEIRO, Rosa; CARVANO, Luiz Marcelo. Os processos de construção e implementação de políticas públicas para crianças e adolescentes em situação de rua. Rio de Janeiro: PUC-Rio: CIESPI, 2010.

RIZZINI, Irene. A efetivação de políticas públicas no Brasil: o caso das políticas para crianças e adolescentes em situação de rua. Rio de Janeiro, PUC-Rio: CIESPI, 2011.

RIZZINI, Irene. A rua no ar: histórias de adolescentes. Rio de Janeiro: CIESPI, 2006.

RUBIO, David Sanches. Encantos e desencantos dos direitos humanos: de emancipações, libertações e dominações. Porto Alegre: Livraria do Advogado Editora, 2014.

ROSEMBERG, Fulvia. O discurso sobre crianças de rua na década de 80. Caderno de pesquisa, nº. 87, São Paulo, Fundação Carlos Chagas, 1993.

ROSENFELD, Michel. A identidade do sujeito constitucional. Tradução de Menelick de Carvalho Netto, Belo Horizonte: Mandamentos, 2003.

ROUSSEAU, Jean-Jacques. Emílio ou Da Educação. São Paulo: Martins Fontes, 1995.

SANTOS. Benedito Rodrigues dos. 18 anos de ECA: a inclusão de crianças e adolescentes no estado de direitos brasileiro. Brasília: Inclusão Social, v.2, n. 2, abr./set 2007.

SANTOS, Benedito Rodrigues. MNMMR – uma trajetória de luta e trabalho em defesa da criança e do adolescente no Brasil. São Paulo: MNMMR; UNICEF, 1994.

SANTOS, Boaventura de Sousa, Modernidade, identidade e a cultura de fronteira, em rev. Sociol. USP, S. Paulo, 5(1-2): 31-52, 1993.

SANTOS, Boaventura de Sousa. Para uma revolução democrática da justiça. São Paulo: Cortez, 2007.

SANTOS, Boaventura de Sousa. Reconhecer para libertar: os caminhos do cosmopolitanismo multicultural. Introdução: para ampliar o cânone do reconhecimento, da diferença e da igualdade. Rio de Janeiro: Civilização Brasileira, 2003.

SANTOS, Boaventura de Sousa e CHAUI, Marilena. Direitos Humanos, democracia e desenvolvimento. São Paulo: Cortez, 2013.

SARLET, I.W. Dignidade da Pessoa Humana e Direitos Fundamentais na Constituição Federal de 1988. Porto Alegre, Livraria do Advogado, 2008.

SÊDA, Edson. Construir o passado: como mudar hábitos, usos e costumes, tendo como instrumento e Estatuto da Criança e do Adolescente. São Paulo: Malheiros Editores, 1993.

SILVA, José Afonso da. A dignidade da pessoa humana como valor supremo da democracia. Revista Direito Administrativo. Rio de Janeiro. Abril/junho 1998.

SILVA, Marco Junior Gonçalves da. Tratados internacionais de proteção infanto-juvenil. In: Âmbito Jurídico, Rio Grande, XV, n. 106, nov 2012.

SOUSA JUNIOR, José Geraldo. O Direito Achado na Rua: Concepção e Prática. Rio de Janeiro: Editora Lumen Juris, 2015.

SOUSA JUNIOR, José Geraldo de. Direito como Liberdade. O direito achado na rua. Porto Alegre: Sergio Antonio Fabris Editor, 2011.

TOURAINE, Alain. Crítica da Modernidade. Lisboa: Instituto Piaget, 1994, p. 277.

TRINDADE, Antônio Augusto Cançado. *El derecho de acceso a la justicia em su amplia dimensión*. Santiago, Chile: RIL Editores, 2008.

VIEIRA, M. da C.; BEZERRA, E. M. R.; ROSA, C. M. M. (Orgs.). População de rua: quem é? Como vive? Como é vista? São Paulo: Hucitec, 1994.